最新科学で
読み解いた

南無妙法蓮華経

ステファン丹沢
Stephen Tanzawa

BNP ビイング・ネット・プレス

はじめに

法華経は釈迦の教えの根幹である究極の万人成仏法を説いた経典で、八巻二十八品（章）からなり、その名の由来は代表的漢訳である『妙法蓮華経』（鳩摩羅什訳）を略したものです。「南無妙法蓮華経」はその妙法蓮華経に帰依するという意味の言葉で、日蓮大聖人はこれぞ釈迦が悟られた万人成仏法の真髄であると明かされました。日蓮仏法では、お題目と呼ばれるこの南無妙法蓮華経をご本尊に唱えることが、信仰実践の根本となっています。ちりぢりに乱れた末法《まっぽう》において、人類の救いを説き明かしたこの日蓮大聖人の仏法は、闇に輝く希望の教えです。

そんな日蓮仏法を信ずる人々には、しばしば驚くべき奇跡が起こります。

日蓮仏法を信じることによる功徳には、祈りのもたらす結果がただちに現れる顕益《けんやく》と、目には見えない冥益《みょうやく》とがあります。なぜかいま、こうした顕益や冥益が日蓮仏法信者に頻発しているのです。

日蓮仏法に帰依したとたんにガンが治った、経営危機の瀬戸際で経営が急に上向いた、濁流に転落した車から奇跡的に助かった等々――かく言う筆者の友人も熱心な日蓮仏法の信者で、絶体絶命のピンチを幾度も奇跡的に乗り越え、いまでは第一線の経営者として活躍しているのを目の当たりにしています。

「なぜ日蓮仏法信者には驚くような奇跡が次々と起こるのだろうか?」友人の奇跡を見るたびに筆者は何度も首をひねりました。

そして、思い余ってその疑問を彼に尋ねると、「南無妙法蓮華経を日々唱題し、大聖人の教えを片時も忘れずに日蓮仏法を信じているおかげだ」と自信たっぷりにうなずくのです。

ＩＴ世代の折伏には科学が必要

一方、これまで筆者はそんな日蓮仏法の奇跡を人々に語るたびに「仏法による奇跡と言われても、科学的に納得できないよ」という言葉に苦い思いをしてきました。

たしかにこの科学万能の現代では、日蓮仏法の奇跡をいくら熱心に語っても、科学的裏づけがないと信じようとしない人が多いのもうなずけることです。日蓮大聖人は「仏法の根本は「信」をもって源とす」と仰せですが、現代ＩＴ社会のただ中で育った若い人々にとっては、「信」を強調されるだけでは奇跡を納得できない人がほとんどなのではないでしょうか。

科学万能の現代において法華経の教えを守り弘めるには、日蓮仏法信者に奇跡が起こる科学的メカニズムを研究するのもあながち無駄な作業ではないように思うのです。

日蓮仏法の奇跡の科学的メカニズムとは

では、どうすれば日蓮仏法の法力が引き起こす奇跡を科学的に証明できるのでしょうか。

南無妙法蓮華経の法力が発するその源はこの世ではない仏の異次元の世界で、そこでの現象を科学で説明するのは不可能でしょう。しかし、**法力が現実世界に反映される段階においては、引き起こされる現象は物質世界を支配する科学法則に従っている**はずです。現実の物質世界においては、いくら仏の世界からやってきた現象でも科学法則に反して巨岩が宙に浮かび上がったり、地球が反対方向に回り出すことなどけっしてないからです。

さいわい筆者は電磁波などの物理学や深層心理などの心理学、さらには医療などに関する記事の執筆や企画も多いことから、少しは科学的知識を学ばせていただいています。

そんなことから、日蓮仏法とくに南無妙法蓮華経の持つ法力が奇跡を巻き起こす科学的メカニズムをなんとか解明したいと、個人的ライフワークとして長年にわたって日蓮仏法の研究を重ねてきました。そして、研究すればするほど、その教えがことごとく科学的メカニズムに裏づけられていることを知って驚嘆したのです。

もちろん科学者でもない筆者が「日蓮仏法は科学だ」と主張するのがおこがましいことは百も承知です。しかし、そうは思いながらも、このまま長年にわたる研究の成果を世から埋もれさせてしまうことがどうしてもできずに、一人でもよい、耳を傾けてもらえる方に知っていただければと今回の出版に至った次第です。

もちろん日蓮仏法信者に奇跡が起こるメカニズムの科学的検証と聞いて、「日蓮仏法の奇跡は科学を超えたものだ。科学なんかで説明できるものか」、「科学を使って奇跡ではないと言うつもりか。お前は大槻教授か」などと猛反発される方も多いかもしれません。

たしかにごもっともです。おっしゃるとおり日蓮仏法の奇跡は南無妙法蓮華経の人智を超えた法力や日蓮大聖人のような生き仏によってのみ引き起こせるもので、科学の方程式などで導き出せるものではなく、お題目や大聖人による法力を否定する気など微塵もありません。

科学に無視された宗教はみじめ

しかし一方で、現実世界のメカニズムを説き明かす科学の力を否定してはならないことも確かです。この物質世界が科学法則に支配されているのは誰もが認める真理で、科学に無視された宗教ほど哀れなものはありません。

現実世界において奇跡が起こる科学的メカニズムを明らかにすることは、お題目や大聖人による奇跡を証明しこそすれ、否定するものではなく、むしろ科学という敵の武器を用いて無明《むみょう》の輩《やから》を逆に折伏するための一助となるのではないでしょうか。

これまで水と油の関係にあった宗教を科学が語ることはタブー視されてきました。しかし、近年の最新科学の進歩により、仏教の世界観が驚くほど科学的なことが明らかになってきたことで、事態は一変しました。

本書では、日蓮仏法の教えや南無妙法蓮華経によってもたらされる奇跡のメカニズムを、量子力学、深層心理学、脳科学、AI、IT、成功哲学、宇宙科学などの最新科学に照らして分析し、解き明かすことでその正しさの証明を試みます。

（ちなみに、お釈迦さまは「自ら学べ」として直筆の経を残されなかったため、法華経以外の経にもその教えが受け継がれています。そのため、本書ではそれらの経についてもお釈迦さまの言葉として引用させていただいています。）

もちろん科学における検証作業には研究室における実証実験が不可欠で、本書に記した科学的考察はあくまで筆者個人の仮説の域を出ず、参考程度にとどめていただければ幸いです。

いま注目の重力波をはじめとする多くの物理法則は、当初は仮説だった理論をもとに、後の研究が実証へと導いたものです。願わくば専門家諸氏のお力で本書を叩き台に、日蓮仏法の奇跡の科学的メカニズムをさらに解明していただけることを切に待ち望んでおります。

本書が法華経流布の小さな一助となることを心から期待いたします。

目次

第3章　最先端の量子力学で日蓮仏法の奇跡を証明

第7章　大脳生理学から見た南無妙法蓮華経のメカニズム

第8章　ＡＩもＩＴも仏教の教えそのまま

第9章　量子力学が証明した前世と死後の世界の存在

第10章　日蓮仏法は至高の成功哲学

第1章　最新科学が発見した東洋哲学のすごさ

量子力学の登場で西洋哲学が王座から陥落

これからお話しするのは仏教と科学の不思議なかかわりについてです。

近年仏教をはじめとする東洋哲学が科学者たちの熱い視線を集めています。

これまで世界の思想界をリードしてきたのは、世界は心と物質という相対立する二つの要素から成り立っているという西洋哲学的視点（デカルトの物心二元論）でした。

こうした視点にもとづいて、西洋人たちは心（理性）の持つ知性によって大自然の物質世界の法則を次々と発見してきました。そして、それらの法則を応用した近代科学を発展させることで大自然の支配を試み、強大な西洋文明を築き上げるに至ったのです。西洋哲学は世界に冠たる西洋文明の思想的バックグラウンドとして、これまで世界に君臨してきたのです。

一方、東洋の思想である東洋哲学は、近代科学を擁《よう》する西洋人たちの目からは、非科学的で時代遅れの思想と見下されたまま不遇の時代が長く続きました。

ところが、近年になってその状況が一変しました。量子力学をはじめとする最新科学の急速な進歩と数々の発見によって、従来の西洋科学では説明しきれない多くの事象がここに来て続出したのです。その結果、これまでの西洋科学をひっくり返すような宇宙の姿が明らかになったことで、科学者たちが無視してきた東洋哲学の世界観がにわかに注目を浴びるようになりました。いったい東洋哲学のどこが科学者たちの注目を集めたというのでしょうか？　以下にご説明しましょう。

西洋科学では説明つかない多くの事象が

近年、物質を構成する基本物質である原子の研究が進むにつれ、これまで宇宙の最小単位と見なされていた原子が、さらに小さい陽子や中性子、電子などの粒子から構成されており、このうち陽子や中性子はさらに小さいクオークという素粒子から構成されていることが明らかになりました。

最先端の物理学である量子力学は、そんな物質の素である素粒子たちのミクロの世界を研究する学問です。そして、その研究が進むにつれ、素粒子の世界ではすべてが不確かで、その位置さえも確率によってしか分からないという驚くべき事実が判明したのです。物質の基本である素粒子の位置が分からないということは、すべてが分からないことを意味します。

その結果、「世界は確たる法則に支配されている」というこれまでの近代科学の常識が根底から覆ってしまったのです。

先端科学者たちが東洋哲学に熱い視線を

近代科学もお手上げの素粒子の世界を前にして、「いったいこれまでの成果はなんだったんだ」と科学者たちは途方に暮れてしまいました。

さらに、近年急速に進歩した宇宙論もそれまでの科学の常識を覆してしまいました。最新宇宙論であるブーツストラップ理論（靴ひも理論）は、宇宙の実体について「靴ひものようにあらゆる部分が互いに関係・作用しあう一体の織物」だとしています。宇宙では物質はもちろん心までを含むすべてが互いにかかわり合いながら一体となって変化していることを科学的に実証したこの理論は、これまでの心と物質は別物だという西洋哲学の物心二元論を完全に覆えしてしまったのです。

こうした新発見を前に、長い間西洋科学を支えてきた西洋哲学はその信用を失墜、代わっていま科学者たちの熱い視線を浴びているのが、仏教をはじめとする東洋哲学なのです。

量子力学の創始者であるニールス・ボーア（1922年ノーベル物理学賞）は「当たるも八卦、当たらぬも八卦」でおなじみの『易経』の八卦がDNAの言語体系と一致していることを知って感激し、『易経』の研究に没頭、東洋哲学にのめり込みました。その後、八卦はPC言語の基礎である二進法の発見を導き、最先端ITの基本言語となるなど、東洋哲学の秘めた実力を西洋の科学者たちに見せつけたのです。

さらに、ボーアとともに量子力学の基本原理である不確定性原理を発見したヴェルナー・ハイゼンベルク（1932年ノーベル物理学賞）は、インドの哲学者タゴールから東洋哲学が量子力学の真髄に通じていることを学んで衝撃を受け、「多くの日本の物理学者が近年の物理学の発展に貢献しているのは東洋哲学のおかげだ」と語っています。

また、量子力学者でもあるアインシュタイン（1921年ノーベル物理学賞）も「現代科学を補うことができるのは仏教だ」と主張し、量子力学の基本法則である波動方程式を発見したエルヴィン・シュレディンガー（1933年ノーベル物理学賞）も、自身の波動方程式が古代インドのヴェーダ哲学の諸原則を記述しており、「西洋哲学は東洋哲学の輸血が必要だ」と語るなど、並みいる量子力学の巨匠たちが東洋哲学こそ最先端科学にふさわしい哲学だと認めているのです。

長い間日影の存在だった東洋哲学にようやく光が当たったのです。

仏教は数千年前に最新物理学を知っていた

量子力学の巨匠たちは軒並み東洋哲学を絶賛していますが、東洋哲学のすごさはこんなものではありません。

東洋哲学の代表である仏教の経典をひも解いてみると、さらなる驚愕の事実が明らかになります。

仏教では「不生不滅、不増不減」（生も死もなく、なにも増えずなにも減らない）と教えていますが、この言葉の意味するところは近代物理学の質量不滅の法則そのもので、いまからはるか前にお釈迦さまは近代物理学の法則を知っていたことになります。

お釈迦さまはまた「一即一切《いちそくいっさい》、一切一即」（部分が全体　全体が部分）、「諸法無我」（すべての事物は独立しておらず、互いに関連しあいながら存在している）とお教えですが、前述のブーツストラップ理論でも「宇宙は全体から細部まですべてが関係しあっていて、全体が細部に影響を与え、細部が全体に影響を与えている」とまったく同じ宇宙観を主張しています。

量子力学や最新宇宙論をご存じだった

量子力学と仏教の一致点を数えればきりがありません。

『般若心経』には「色即是空、空即是色、色不異空、空不異色」（色〈物質〉は空〈空間〉であり、空は色である。色は空に他ならず、空は色に他ならない）とありますが、実はこれも量子力学が発見した「電子は真空から生まれて、真空に戻ってゆく」という現象そのものです。

さらに、量子力学の重鎮デヴィッド・ボームは現実の宇宙を明在系《めいざいけい》、その背後の目に見えない宇宙を暗在系《あんざいけい》と呼び、明在系と暗在系が表裏一体となって宇宙を構成し、すべての存在の本質は暗在系であると主張しています。仏教の「色即是空、空即是色、色不異空、空不異色」で述べられた色はこの明在系を、空は暗在系をさすと考えることができ、両者の主張はここでも完全な一致を見せているのです。

このように仏教の教えの多くは量子力学や最新宇宙論の世界観と一致しています。お釈迦さまはたぶんノーベル賞級の頭脳の持ち主であられたのでしょう。

仏教と最先端心理学も理論が一致

仏教がすごいのは物理学においてだけではありません。

最先端の脳科学に関しても、仏教には驚きの教えがあります。

「諸法空相」（あらゆる法は空である）は「すべての現象は幻である」ということを意味しますが、最新の脳科学でも、人間が五感で感じたと思っている事象は実は脳が作った幻覚にすぎないという事実が明らかにされており、仏教の教えと完全な一致を見せています。

さらに、仏教は近代心理学の真髄にも迫ります。フロイトやユングなどの近代心理学の巨匠によって、人間の心は顕在意識と無意識からなり、心の働きは無意識がそのほとんどを占め、心を陰から動かしているということが明らかにされたことで、それまでの心理学は根底から覆されてしまいました。

一方、仏教では、無意識の存在がはるか紀元前から知られていました。

仏教では、ものごとを認知する九つの働きを九識と呼んでいます。フロイトやユングの発見は仏教から2000年以上も遅れていたわけです。仏教における九識のうちの六識は顕在意識を意味し、七識から先は自分では気づかない無意識を意味していたのです。

最先端科学の思想的バックグラウンドへ

これまで述べたように、量子力学や脳科学、心理学などの最先端科学の世界観と仏教の世界観は驚くほど一致しています。これまで支配的だった西洋哲学に代わる新時代の世界思想として、仏教をはじめとする東洋哲学が科学者たちの熱い視線を浴びているのにはこうした理由があったのです。

思えば、ヨーロッパでは、コペルニクスの地動説やダーウィンの進化論などの近代科学の新発見がそれまでのキリスト教の世界観と激しく対立し、宗教裁判による弾圧を引き起こしました。一方、長年仏教の教えの下で暮らしていた日本では、明治維新後に輸入された近代科学の世界観を対立なしに素直に受け入れることができたことが、その後の急速な近代化の原動力となったのです。

こうした仏教こそ、西洋哲学に代わってこれからの最先端科学の思想的バックグラウンドとなるにふさわしい、21世紀の世界思想だと言うことができるでしょう。

第2章　最新心理学が日蓮仏法を証明する

なぜ日蓮仏法信者には奇跡が起こるのか？

いまから700年以上も昔の鎌倉時代の出来事です。

文永8年（1271）9月の夜、鎌倉幕府所司 平 頼綱《たいらのよりつな》は、幕府や諸宗を痛烈に批判した日蓮大聖人を斬首刑に処そうと鎌倉近郊の龍の口刑場に連行しました。そして、まさに刑が執行されようとしたそのときでした。突然夜空を光るものが走り、兵士たちは天の怒りかと恐れおののき刑の執行は不可能になってしまったのです。

日蓮仏法信者なら誰もが知る「龍の口の法難」の奇跡です。

一方、現代においても日蓮仏法信者は、入信したとたんに長年苦しんでいた難病を治療してくれる名医に巡り合えた、信者の集まりで入社したかった会社の重役と出会えた、恋人に裏切られた悲しみの中で一心不乱にお題目を唱えたら理想の異性に巡り合ったなど、驚くような奇跡の体験談が尽きることがありません。

こうした大聖人や日蓮仏法信者にまつわる数々の奇跡は、偶然というにはあまりにも多くの人々に起こっています。いったいどうしてこのような奇跡が次々と起こるのでしょうか。

意識のほとんどは、気づかない潜在意識

潜在意識という言葉をご存知でしょうか？

「聞いたことはあるけど、詳しい内容は知らない」とおっしゃる方も多いと思いますが、実はこの潜在意識に日蓮仏法信者に奇跡が起こる科学的秘密があるのです。

以下に詳しくご説明いたしましょう。

「人間の意識には顕在意識と潜在意識（無意識）とがある」とはじめて唱えたのは19世紀生まれの心理学の父ジークムント・フロイトです。

フロイトの主張のように、人間の意識に顕在意識と潜在意識があることは現在では心理学の常識です。このうち顕在意識は本人が気がついている意識で、ものごとを感じたり、識別したり、考えたり、判断したり、予測したりして、理性にもとづいて自分自身をコントロールします。たとえばあなたがいまこの本を読んでいるのも顕在意識の働きです。

一方、潜在意識は本人が気づいていない意識で、無意識とも呼ばれます。

潜在意識から忘れていた記憶がふっと

フロイトの弟子であるスイスの大心理学者カール・グスタフ・ユングは、人間の意識を、「普段わたしたちが意識している顕在意識は氷山に譬えれば海の上に顔を出している部分で、意識という大きなパイの中に占める割合はほんの一部にすぎない。そして、海中に沈んでいる部分、つまり意識の大部分が無意識によって構成されている」と主張しました。

潜在意識は顕在意識が活発なときには抑圧されていて気づきませんが、なにかの原因で抑圧がなくなると意識に浮かび上ってきます。ふとした瞬間に忘れていた記憶が甦ることがありますが、潜在意識の記憶がちょっとしたきっかけによって抑圧から解き放たれて意識に浮かび上がってきたのです。

ちなみに西洋では近年になってようやくその存在が明らかにされた潜在意識ですが、東洋においては昔から認知されていました。たとえばヒンドゥー教のヴェーダ哲学では、顕在意識をアートマン（真の自己）、潜在意識をブラフマン（宇宙を支配する最高原理）と呼び、仏教では少我、大我と呼んでその存在を把握していました。

実はこの潜在意識はあなたの人生にとって非常に重要な役割を持っています。潜在意識を思うように使うことができれば、信じられないパワーを発揮することができ、人生を革命的に変えることも可能となって、奇跡を引き起こすことさえできるのです。

知らぬ間に人間を操る潜在意識

人生を革命的に変えたり、奇跡を引き起こすことも可能な潜在意識とは、いったいどのような意識なのでしょうか。

わたしたちの行動のうちには、意識の指令によるものだけでなく、潜在意識の指令にもとづくものも多く存在します。

潜在意識はわたしたちが気づかないままひそかに働いています。目が覚めているときにも眠っているときにも24時間休まずに働いて、鼓動、呼吸、消化、代謝などの大切な身体機能を動かし続けてくれているのです。潜在意識のおかげでわたしたちは生きていられるわけで、わたしたちの行動の多くも潜在意識が行ってくれています。

たとえば駅から家に帰る途中でコンビニに寄っていこうと思っていたのに、考えごとをして知らぬ間に家への道を辿っている自分に気づくことがあります。実はこれも考えごとをしている間に、潜在意識が勝手に家へと歩みを進めてくれていたのです。

子どもの頃に犬に追いかけられた体験をした人は大人になっても犬が怖くなりますが、これも潜在意識が犬に追いかけられた恐怖を覚えていて無意識に犬を怖がってしまうからです。

このようにわたしたちの無意識の行動を司っているのが潜在意識です。わたしたちはふだん自分では意識しないまま潜在意識の指示に従って行動しています。

ユングは「日常行動の90％は自分では気づかない潜在意識が決定している」と述べていますが、潜在意識は驚くほどわたしたちの無意識の行動に深くかかわっているのです。

潜在意識を動かす原始の衝動

わたしたちの心身を陰から動かしている潜在意識ですが、実はその背後には黒幕がいます。

フロイトは、潜在意識を動かしているのはリビドーという生命エネルギーだと主張しています。

フロイトによると、リビドーの中心には性欲をはじめとする本能があって、理性や倫理などを無視して働き、人間の行動を無意識に操っていると言います。電車の中で美人（イケメン）がいるとつい目が行ってしまいますが、「あ、美人がいる。見なくちゃ」と意識して目をやっている人はほとんどいません。潜在意識が無意識に視線を向けさせているのです。

フロイトは精神疾患の原因はこうしたリビドーを抑圧したためで、抑圧された性欲が心の病の原因だとし、抑圧されたリビドーを意識化することで治療することができると主張しました。

本能と密接にかかわる潜在意識には、本能が持つ原始のパワーをフルに発揮させる力があります。顕在意識が支配的なときにはこの原始のパワーは抑圧されていますが、生命を脅かすような危機に直面した場合などには潜在意識が目覚めて表面に現れ、思う存分その力を発揮するのです。

たとえば、子どもが車の下敷きになったのを見た母親が1トンもある車を持ち上げて助け出したという話を聞いたことがありますが、これも子供の危機を見た母親の潜在意識の生み出す原始のパワーが爆発したためです。

人類共通の集合的無意識とは

ユングは、無意識には、フロイトの言う個人的無意識のさらに奥底に集合的無意識という無意識が存在していると主張しています。

個人的無意識には個人の体験や記憶が蓄積されており、本能の影響とともに無意識の行動を起こします。たとえば幼稚園の滑り台から転落したことで生涯高いところが怖くなるのがそれです。

一方、集合的無意識は、個人的無意識のさらに奥底に存在する人類共通の無意識で、時空を超えて祖先から引き継がれた全人類の記憶が含まれています。

ユングによると、人間の無意識は深い所でみなつながっており、全人類に広がる壮大なネットワークを作っているといいます。たとえば個人的意識を泡とすると、集合的無意識は海だということができるでしょう。

個人の集合的無意識はどんなに離れていても互いにつながり合っており、一つの魂を多くの魂がサポートしているとユングは主張しているのです。

仏教には「万法一如」（すべての存在は一つ）という教えがあります。わたしたちは地球上のさまざまな場所の別々の世界で生きていると思っていますが、実は万法（すべての存在）は一如（一つ）で一つの世界に生きており、人間どうしはもちろん宇宙のすべてと関係しあっているというのです。この宇宙の一部である人間の潜在意識は一つにつながっていて、集合的無意識と呼ばれます。

潜在意識が聖なる方向を示す

潜在意識のもっとも奥底にある超深層意識は宇宙の真髄である実相とつながっており、心という精神世界と現実という物質世界をつなぐ橋としての役割を担っています。物質世界の情報は五感を通じて人間の心に入り込み、顕在意識から潜在意識、超深層意識とたどって宇宙の実相へとつながります。一方、宇宙の最高意思が現実世界に具現されるためには、実相から超深層意識、潜在意識、顕在意識と逆にたどって物質世界ににじみ出ることで現実化されるのです。「真理は内部に宿る」とユングは述べ、超深層意識を通じて潜在意識と対話することで宇宙の聖なる方向を知ることができ、その指示に従うことで魂が成長できるとしているのです。

人間の根元をなす深層の八識

仏教では、ものごとを認知する九つの働きを九識と呼んでいます。このうち一〜五識は眼識、耳識、鼻識、舌識、身識などの五感、六識は五感の情報を受け取って認知する顕在意識、とここまでは自分でも気づいている意識ですが、次の七識からは自分では気づかない無意識（潜在意識）の領域に入ります。

七識は心理学の個人的無意識にあたる無意識で、末那識《まなしき》と呼ばれます。フロイトの言うリビドーにあたり、本能を源として自我への強い執着を抱いています。

次の八識は個人的無意識のさらに奥にある無意識で、阿頼耶識《あらやしき》と呼ばれます。心の働きの源として人間の根元をなし、個人の前世の記憶を宿す蔵識《ぞうしき》ともいいます。近代心理学ではユングの唱える集合的無意識にあたり、生命誕生以来の進化の記憶を蓄え、生命の叡智を宿すと言われます。

こうした仏教の心の分析は最新心理学の真髄に迫るもので、ユングも「（わたしの医師としての歴史は）何千年来東洋のもっともすぐれた精神の持ち主たちが苦労して切り開いてきたあの秘密の道へと無意識に導かれた」と称賛しています。

深層意識の向こうに広がる大宇宙

八識の奥にはさらに深い無意識である九識が眠っています。

心の最深部に存する九識は阿摩羅識《あまらしき》と呼ばれる最高の無意識で、阿摩羅の「穢《けが》れがない」という意味から無垢識《むくしき》とも呼ばれます。仏界に到達した者のみが悟れる最高の仏の境地（仏識）とされているのです。

この九識について日蓮大聖人は「このご本尊まったくよそに求むることなかれ、ただわれら衆生《じょう》の法華経を持ちて南無妙法蓮華経と唱うる胸中の肉弾におわしますなり。これを九識心王真如《しんのうしんにょ》の都とは申すなり」（このご本尊をけっしてよそに求めてはならぬ。ただわれら衆生が法華経を持っ南無妙法蓮華経と唱える胸の中の肉におわすのだ。これを九識の心王の都という）と仰《おお》せで、九識こそ心の八つの働きの礎となる心の王だとして、九識を現すことで八識も浄化されるとされています。

古代インドのヴェーダ哲学では、この宇宙のどこかに「アカシックレコード」と呼ばれる全宇宙の記録が存在しているとされます。そこには過去、現在、未来の全人類の記録をはじめ、時空を超えたすべての記録が保存されていて、この記録と九識はつながっていると言われます。

予知夢は未来を含む宇宙の記録とつながるこの九識からのメッセージであり――宇宙は九識を通じてわたしたちに進むべき道を示し、真理を実現してくれるのです。

最新心理学の真髄に迫る仏教の教え

では、そんな九識の正体はなんなのでしょうか?

九識について日蓮大聖人は「九識法性《ほっしょう》」と仰せです。法性とは万物の本質という意味で、九識は生命の本質である仏の働きだと教えてくださったのです。

さらに、大聖人は「妙法蓮華経は九識なり」とも仰せで、九識の正体は本仏（妙法蓮華経）であり、南無妙法蓮華経を唱題することで呼び起こすことができるとされます。

ユングが「実相はすべてを動かす神のパワーを宿す」と述べるとおり、宇宙の実相である本仏は日蓮仏法信者が引き起こす奇跡の源です。ですから、奇跡を起こすためには九識を呼び覚ますお題目（南無妙法蓮華経）を唱えることが重要なのです。

潜在意識による病気治癒の科学的メカニズム

ここからはこれまで述べた情報をもとに、潜在意識が不治の病を治す奇跡の科学的メカニズムについて考察することにしましょう。

近年、これまで西洋で考えられていたように心と体は別々の存在ではなく、互いに密接にかかわりあっていることが明らかになってきました。たとえば、心の持ち方次第で病状の改善に差が出るという事実が医学的に認められるようになってきたのです。

体に影響を及ぼす心の働きが行われるのは人間の脳においてですから、まず脳について分析することにしましょう。

人間の脳は、下等動物以来からある古い脳と進化の過程でできた新しい脳からなり、これまでの研究で、潜在意識の働きを司っているのはこのうちの古い脳であることが分かってきました。

詳しくは第7章で述べますが、古い脳には「扁桃体」という部位があって、自分の命を守るための自己防衛の脳として5億年も前から生物に具わっています。感情の脳とも呼ばれ、喜びや嫌悪などの感情の源泉となっている部位です。この扁桃体が潜在意識の棲み家ではないかと言われているのです。

潜在意識は本能と深く結びついている

潜在意識は命にかかわる危険を敏感に察知するとともに、体を守るための情報などを司っています。そんな潜在意識が働くと、その棲み家である古い脳も活性化します。これら古い脳である扁桃体と間脳（視床下部など）は、感覚や自律神経を介して食欲や性欲、睡眠などの本能はもちろん、血圧、心拍、体温、分泌、細胞分裂、免疫などの生命活動に密接にかかわっています。

その結果、それらの脳の司る本能や生命活動の働きが強まって、生命力、修復力、免疫力なども活性化、体が力を得て元気になるとともに、ガンやウイルスなどへの攻撃力も増して病を退治してくれるのです。

これこそ潜在意識が本能の脳を動かして、体の持つ原始のパワーを活性化させ、病魔をやっつけてくれる科学的メカニズムです。

お題目が潜在意識を動かす

では、潜在意識はなぜ日蓮仏法信者の病気を治してくれるのでしょうか。

心理には変性意識という非日常的意識があって、この意識の下では顕在意識が引っ込み潜在意識が表に出てくることで、潜在意識にアクセスしやすくなると言われます。

催眠術などでおなじみの催眠状態は変性意識の一種で、自己催眠、ヨガ、瞑想などによって誘導することができます。催眠状態になると、注意力が向上して相手の言葉に集中する受動的集中状態になるため、暗示にかかりやすくなるのです。

こうした催眠状態に患者を誘導して潜在意識を呼び出し、暗示をかけることで心の問題を治す心理改善法を催眠法と呼んでいます。催眠法では、潜在意識に暗示を与えてネガティブな記憶をポジティブなものに書き変えることで心の問題を治します。催眠法の効果については、かつてはフロイトに否定されるなどして疑問符がつけられていましたが、近年その効果が科学的に確認されたことで、再び精神改善の現場で使われるようになりました。

生存本能を刺激して免疫が強まる

実は日蓮仏法信者の病気が治る背後には、この催眠法に似た科学的メカニズムが働いています。意識を瞑想状態に誘導するには読経などの単純なリズム運動が効果的なことが明らかになっています。単純で規則正しいリズムで読経を繰り返すことで、意識が次第に顕在意識から変性意識に変わって催眠状態が訪れ、潜在意識が浮かび上がって暗示にかかりやすくなるのです。

日蓮仏法信者は病気になると、完治を願って南無妙法蓮華経を一心不乱に唱題します。その結果、意識が変性意識に変わって、催眠状態が訪れ、浮かび上がった潜在意識に、信者の「治りたい」という必死な願いが直接擦り込まれます。

前述したように潜在意識の棲み家である扁桃体は間脳の司る生命活動と密接に結びついています。潜在意識に擦り込まれた「治りたい」という願いが扁桃体を通じて間脳を刺激する結果、本能の働きが強まって、生命力や修復力、免疫力などが活性化し、病が改善すると考えられるのです。

日蓮仏法信者がお題目を唱えると病気が治る過程には、このような科学的メカニズムが存在していたのです。

信ずれば病が治る驚きの効果

心の持ち方次第で病気が治ってしまうという驚きの作用は、医学的にも実証されています。プラシーボ効果と呼ばれる作用です。

プラシーボ効果とは、薬効成分を含まない偽せ薬（プラセボ）を本物の薬だと患者に思い込ませて投与すると、患者の病状が改善してしまう効果をいいます。その有効性が多くの研究によって確認されており、いまや医学界の常識となっている医療効果なのです。

たとえばアメリカの研究では、まったく効果のない偽せ薬の服用によって、平均35％の患者に症状の改善が見られたという結果が報告されています。さらに、背骨の手術が必要な患者グループに対して、半数には本物の手術を行う一方、残り半数にはなにも行わない偽せ手術をしたところ、両グループの患者の痛みの緩和に大きな差はなかったうえ、それまで歩けなかった患者が元気に歩き出したという報告も寄せられています。

こうしたプラシーボ効果は、新薬を認可する試験である治験に大きな影響を与えるため、偽薬を使った2重盲検比較試験という方法によってその影響力を排除することが定められているはど、医学界では広く認められた効果なのです。

暗示効果の科学的メカニズムとは

医学が未発達の時代には、祈禱師や呪術師が祈禱やまじないによって病気を治していました。キリストが患者に触れただけで病気が治ったなどといった奇跡も多く伝わっています。これらの奇跡は「祈禱をしてもらえば治る」、「聖人に触れたら治る」という患者の思い込みによるプラシーボ効果のおかげだと考えることができるでしょう。

しかし、薬理効果を持たない偽薬や偽手術が現実的に効果を発揮するのはなぜなのでしょうか。その疑問に対する科学的説明としては、暗示による効果が考えられます。人間がなにかを思うと脳内の神経回路が化学的変化を起こすことは医学界では既知の事実です。偽薬による暗示によって脳内の神経回路に変化が起こることも、MRIを使った研究で明らかになっています。最近の北海道大学の研究でも、ストレスで起こる脳内の炎症が異常な神経回路を作り、胃腸の病気や突然死を招くことが分かっています。そう、「病は気から」は本当だったのです。

医者の暗示によって偽薬が効果があると信じ込んだ患者が「この薬はすごく効く」と自己暗示をかけることで脳内の神経回路に変化が起こり、体内でポジティブな生化学的作用を引き起こして免疫などに影響を及ぼしたと考えられているのです。

では、いったいなぜ自己暗示によって脳内の神経回路に変化が起こって、体内の生化学作用をポジティブにする変化が生じるのでしょうか。

神経回路の変化が生化学作用に影響を及ぼす秘密が本章の主役、潜在意識です。

「この薬はすごく効く」という自己暗示が患者の潜在意識に働きかけると、潜在意識の棲み家である古い脳（扁桃体や間脳）を刺激することで、脳の神経回路に変化が起こります。その結果、これらの脳が司る生存本能が活性化し、生命力や修復力、免疫力などが向上、体内の生化学反応を改善して病を治してくれるというわけです。

プラシーボ効果についてのもう一つの科学的説明が自然治癒力です。

いくら暗示による効果で症状が改善したところで、疾患そのものがなくなったわけではなく、再び発症してしまう恐れがあります。

では、暗示はどうやって疾患の再発を防いでくれるのでしょうか。

その答えが自然治癒力です。わたしたちの体には病気を自分で治すことができる原始のパワーである自然治癒力が生まれつき備わっています。そして、その自然治癒力を司っているのが潜在意識の棲み家である古い脳なのです。

プラシーボ効果では、前述した偽せ薬による暗示効果によって症状が和らいだ後も、潜在意識による古い脳への働きかけは続きます。その結果、古い脳の持つ自然治癒力が活性化して、症状の元凶である疾患自体を根治してくれるのです。

こうしたプラシーボ効果のメカニズムを働かせるには、「絶対に治る」という暗示を潜在意識に徹底的に擦り込んでやる必要があります。生半可な暗示では頑固な潜在意識を納得させることはできないからです。そのため、もっとも効果的なのが第4章で述べる「聖なる音、聖なる波長、聖なる高低」を兼ね備えた宇宙の波動である、南無妙法蓮華経の唱題なのです。

日蓮仏法信者に救世主が現れる理由は？

日蓮仏法信者の病が治る奇跡の秘密はこれだけではありません。

日蓮仏法信者には、長年患わされてきた難病の症状が悪化してもうダメだと思ったまさにそのとき、知り合いに紹介された医師が偶然その病気の最先端治療法の権威だった、おかげで最新の治療を受けることができ、奇跡的に難病を治すことができた等々、奇跡としか思えない不思議な縁によってピンチを脱した体験を語る人が多くいます。

いったいなぜ日蓮仏法信者の多くが不思議な縁の力によって奇跡的に病から救われたのでしょ

うか。

実はこれも潜在意識のおかげなのです。

ユングは「潜在意識のさらに奥底には集合的無意識という意識があり、全人類につながる壮大なネットワークを作っていて、一つの魂を多くの魂がサポートしている」と語っています。そう、あなたの心はその奥底で無数の人々の心とつながっているのです。

不思議な縁の架け橋があなたを救う

たとえば病が悪化して追い詰められたあなたが、ご本尊に向かって一心不乱にお題目を唱えたとしましょう。すると、聖なる波動に誘われたあなたの意識が変性意識に変わって催眠状態になり、潜在意識が浮かび上がってきます。さらに唱題を進めると、あなたの意識は潜在意識の奥底にある集合的無意識へと誘導され、全人類につながる集合的無意識のネットワークにアクセスします。その結果、あなたの一途な願いがネットワーク上の人々の潜在意識に伝わるのです。

そして、あなたの願いを受け止めたネットワーク上の人たち、とくにあなたを助ける力を持った人たちの潜在意識がそれに応えて「わたしの力でこの人を助けてやろう」と動き出します。

その時点ではその人の顕在意識は自分の潜在意識があなたを助けてやろうと思っていることに

気づいてはいませんが、本人たちの知らぬまま潜在意識はひそかにあなたへと近づいてゆきます。そして、集合的無意識のネットワーク上のあなたにつながる人々の潜在意識に働きかけて、知らぬ間にあなたの潜在意識との間に縁の架け橋を作り出します。そして、一人また一人と、不思議な集合的無意識の縁の架け橋を渡ってあなたへと近づいてゆくのです。

そして、ついに本人たちが知らないまま奇跡的出会いが起こります。まさに地獄に仏——救世主の出現によってあなたは死の淵から救われるのです。集合的無意識の創り出す縁の架け橋によってあなたに奇跡がもたらされたのです。

日蓮仏法信者に起こる奇跡の縁の科学的メカニズムの秘密は、全人類がつながる集合的無意識のネットワークだったのです。まさに南無妙法蓮華経こそ、奇跡の言葉であると言っても過言ではないでしょう。

第3章　最先端の量子力学で日蓮仏法の奇跡を証明

日蓮大聖人の「雨乞いの奇跡」とは

時は鎌倉時代。文永8年（1271）6月の鎌倉は春からひどい日照りが続き、一滴の雨も降りませんでした。井戸は涸《か》れ、作物も枯れ果て、飢饉が間近に迫っていたのです。

この非常事態に鎌倉幕府8代執権北条時宗《しっけんほうじょうときむね》は、各寺社に雨乞いの祈禱を命じましたが、僧侶たちの祈禱にもかかわらずいつまでたっても雨は降りません。困った時宗は最後の頼みの綱にと、真言律宗極楽寺の良観房忍性《りょうかんぼうにんしょう》に祈禱を乞うことにしました。忍性は生き仏と呼ばれ、当時の宗教界の第一人者として幕府から手厚い庇護を得ていた名僧だったのです。

一方、それを聞きつけた日蓮大聖人は、忍性の弟子の周防房《すおうぼう》と入沢入道《いるさわのにゅうどう》を自らの庵室に呼びつけました。「もし7日の間に一雨でも降れば、日蓮は忍性の弟子になろう。もし降らなければ法華経に帰依せよと伝えよ」と、忍性に雨乞い対決を申し込んだのです。

題目を唱えると雷鳴とともに大雨が

時宗の命を受けた忍性は、6月18日、極楽寺に120余名の祈禱僧を集めて雨乞いの祈禱を始めました。読経の声が天にも届けと境内に響きわたりましたが、その日も、その次の日も、雨は降らず、ついに7日経っても雨は降りませんでした。「まずい」、焦った忍性は、かつて開山にかかわった鎌倉の多宝寺からもさらに200名の僧を呼び寄せ、7日を延長して雨乞いの祈禱を続けました。しかし、雨は降らないどころか焼くような熱風が吹き荒れ、辺り一帯真っ黒な土埃《つちぼこり》に覆《おお》われる状態が続いたのです。結局、2週間もの祈禱にもかかわらず、雨は一滴も降りませんでした。

そこで立ち上がったのが日蓮大聖人です。忍性が失敗したのを見届けた大聖人は、わずかな弟子たちとともに七里ヶ浜の田辺が池の淵にすくりと立つと、かっと目を見開いてお題目を唱え始めました。そして、南無妙法蓮華経の合唱が池の面に響いた直後でした。恐ろしい雷鳴が轟いたと思うと、大粒の雨が降り出したのです。視界を真白に覆うような大雨が3日3晩にわたって降り続き、鎌倉はようやく飢饉を免れることができたと伝えられています。これが有名な大聖人の「雨乞いの奇跡」です。

この奇跡に見られるように、日蓮大聖人はその生涯においてさまざまな奇跡を起こされています。現代科学でも日照りに雨を降らせるのは容易ではありませんが、いったいどのようにして大聖人は鎌倉に雨を降らせることができたのでしょうか。

その科学的理由を説明してくれるのが、最先端物理学の量子力学です。

「量子力学？　あまり馴染みがないな」とおっしゃる方も多いと思いますが、どんな学問なのかまずはご説明することにしましょう。

世界を驚かせた相対性理論の登場

量子力学が登場するまでの最先端物理学は、相対性理論でした。

長きにわたって物理学界に君臨してきたニュートン力学（万有引力で有名）が、わたしたちの身の回りの世界における物理法則を解明することで、近代科学の発達に貢献してきました。

ところが、時が経つにつれてニュートン力学では説明しきれない現象が出始めてきました。たとえば天体の運行において、計算した天体の位置と実際に観測された位置がずれたり、ロケットの軌道を計算しようとすると速度が光速に近づくにつれて矛盾が大きくなったりしてしまったのです。

そんな流れの中でさっそうと登場し、世界を驚愕させたのがアルバート・アインシュタインの相対性理論でした。

空間と時間は重力によって歪んでしまう

相対性理論は相対性原理（同じ速度で動くものどうしでは同じ物理法則が成立）や光速度不変の原理（光の速度は一定）などによってニュートン力学の数々の矛盾を克服（特殊相対性理論）、さらに、無限大に近い重力や光に近い速さでは時空が歪んで、長さが短くなったり、時間の流れが遅くなったりすることをはじめて明らかにしました（一般相対性理論）。これによってロケットや衛星などの正確な軌道計算が可能となり、宇宙開発や天文観測が飛躍的に前進したのです。

相対性理論によると、重力が作用している地球上と無重力の宇宙空間では時間の流れが違ってきます。地球人はみな同じ時間の流れの中で生きていると思っていますが、同じ地球でも住んでいる場所によって重力の大きさや自転の速さが違っているため、時間の流れも違ってきて、実は誰もが違う時間次元の宇宙に生きていることになるのです。

一方、仏教でも「一人の人間ごとに一つの世界がある」と、人間はそれぞれが作り出した別々の世界に生きているとして、相対性理論と同じ世界観を示しています。いまから２０００年以上も前に相対性理論の真髄を悟っていたのです。これにはアインシュタインも「物理的思考をとことんまで追求すると、仏教が説く世界観とそっくりになる」と舌を巻いています。

「そんなはずはない！」科学者たちは叫んだ

物理学を飛躍的に進歩させた相対性理論ですが、間もなくそれさえも通用しない世界が科学者たちの前に姿を現してきました。物質を構成する最小単位である電子などの素粒子の世界です。しかし、この小さな粒子はただものではありませんでした。

科学者たちは素粒子（電子）の振る舞いを知ろうと、まず実験によってその位置と速度を確定しようとしました。しかし、観察のために光（光子）を当てると、超軽量（質量ほぼゼロ）の電子は大きく影響されてしまってどうしても正確な観察ができなかったのです。

位置や速度を正確に計ることができないのにくわえて科学者たちの頭を悩ませたのが、「素粒子は波か粒子か」という問題でした。

ボードに開いた2つのスリット（隙間）を電子がどんな軌道で潜り抜けてその先のスクリーンに着地するかを見る「2重スリット実験」では、電子の集団をボードに向けて発射するとスクリーン上にくっきりとした縞《しま》模様（干渉縞）が現れます。これは電子が波である証拠ですが、次に電子を1個ずつ別々に発射してみると、今度は1回1回スクリーンの異なる地点に着地します。こ

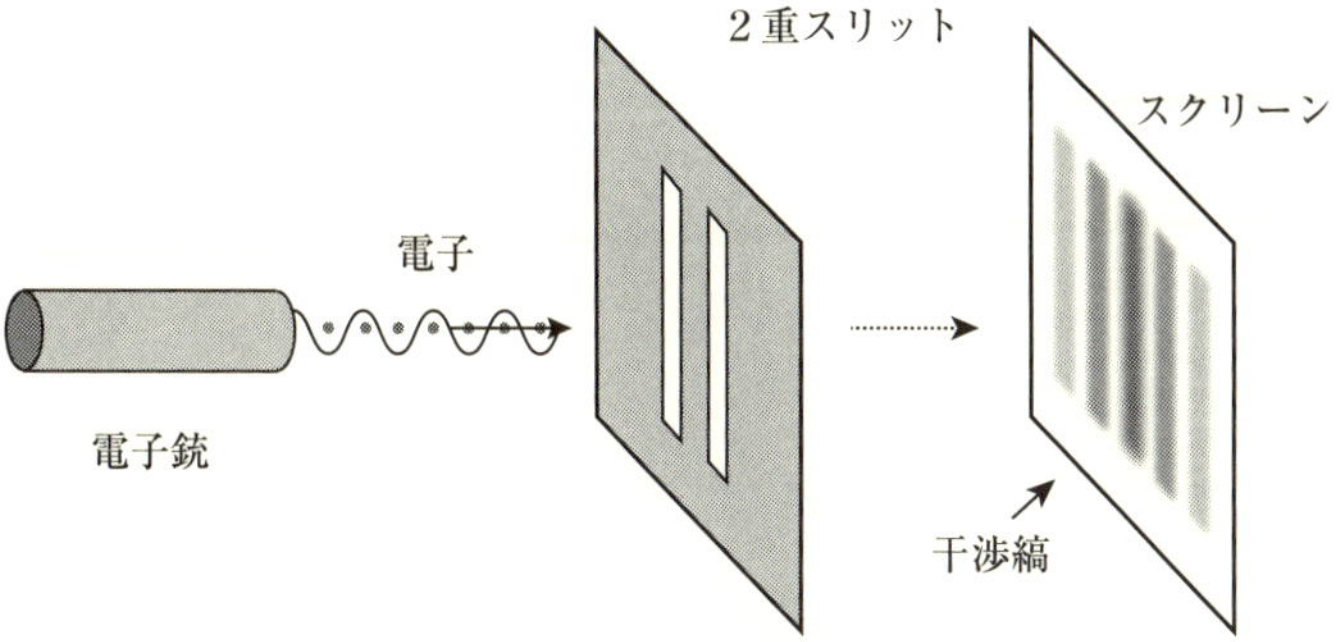

2重スリット実験

れは電子が粒子である証拠で、同じ電子でまったく相反する結果が出てしまうのです。

「そんなはずはない！」電子の信じられない振る舞いをなんとか解明しようと、科学者たちは必死の形相《ぎょうそう》で研究に没頭しました。こうした研究から生まれたのが量子力学だったのです。

量子力学がミクロの世界の謎に迫る

古典的ニュートン力学はわたしたちの日常的体感スケールにおける物理現象を取り扱うのには有効です。一方、相対性理論は宇宙の直径（10^{26}m）までの広大なスケールの世界を扱うのには有効ですが、水素原子の大きさ（10^{-10}m）以下の極小の素粒子の世界を説明することはできません。

そんな素粒子の世界を取り扱うために生まれた最先端

物理学が量子力学なのです。

量子論の父と呼ばれるドイツの物理学者マックス・プランクは、原子レベルではエネルギーが飛び飛びになっているという量子仮説を唱えて、量子の概念を最初に提示した功績でノーベル物理学賞（1918年）を受賞しました。さらに、アインシュタインも光は連続したエネルギーではなく、一定の波長ごとに飛び飛びの値のエネルギーを持つという光量子仮説を発表、量子力学者としてノーベル物理学賞を受賞しました。また、フランスの物理学者ルイ・ド・ブロイも素粒子は波でもあるという物質波の考えを発表してノーベル物理学賞（1929年）を受賞しています。

このように著名な量子科学者は軒並みノーベル賞受賞者なのです。いかに量子力学がすごい学門か分かりますよね。

素粒子の世界はまったく不確かな世界

素粒子の世界は本当に不思議な世界です。

素粒子は物質と波の両方の性質を併せ持っており、こうした特殊な状態を「重ね合わせ」と、そうした存在を「量子」と呼びます。

波については普通の世界では水などの物質の状態を言いますが、量子の世界では波は物質が存在しない状態そのものを言います。ちょっと分かりにくいですが、物質の存在しない空間に波という状態だけが存在しているということです。

電子をはじめとする素粒子（量子）は日常世界の物質とは振る舞いが著しく異なります。

素粒子発見後のさまざまな研究によって、素粒子の振る舞いがまったく不規則で、振る舞いの結果を事前に予測するのは不可能なことを示す現象が次々と観測されたのです。この事実は量子科学者たちを愕然《がくぜん》とさせ、素粒子の世界をなんとか解明しようと研究に研究が重ねられました。

そして、最後に彼らが到達したのが、「素粒子の振る舞いを確実に知ることはできない」という驚くべき結論だったのです。

不思議極まりない素粒子の振る舞いを最初に数式で表わすことに成功したのが、エルヴィン・シュレディンガーです。１９２６年に発表された彼の「波動方程式」は、波としての電子を表わした画期的方程式でした。

シュレディンガーに続いて従来の物理学を根底から覆す衝撃的理論を発表したのは、ドイツのヴェルナー・ハイゼンベルクです。１９２７年ハイゼンベルクは、ミクロの世界は本質的に不確かだという「不確定性原理」を発表して、世界を驚かせたのです。

それまでの西洋科学は、自然界（物質）は人間という最高の知性が把握・応用できる規則正しい法則に従っている、という大原則が基本でした。

ところが不確定性原理によると、素粒子の位置を正確に決めようとすればするほど速度が不確かになり、逆に速度を正確に決めようとすればするほど位置が不確かになってしまいます。その結果、物質の基本単位である量子の世界は確たる法則に従ってはいない、ひいてはそれをもとにした自然界も確たる法則に従っていないことになってしまうのです。

自然界の法則は人間の知性では把握できない――不確定性原理はそれまでの西洋科学を根底から否定する衝撃的理論だったのです。

お釈迦さまは不確定性原理を知っていた

それでは、素粒子（量子）は科学法則に従わない不確かなものであるという不確定性原理を東洋哲学の視点から見てみるとどうなるでしょうか。

「諸行無常」はお釈迦さまが説かれた仏教の基本法理である三法印の一つです。諸行は「すべての存在や現象」、無常は「常に変化する」の意味で、全体としては「すべての存在や現象は常に変化して一瞬といえども同じではない」ことを意味しています。

つまり諸行無常の世界観は不確定性原理そのものなのです。素粒子の位置を正確に決めたところで、その運動量（諸行）は常に変化（無常）するため定まりません。一方、素粒子の運動量を正確に決めても、その位置（諸行）は常に変化（無常）するため定まらないのです。お釈迦さまは量子力学の不確定性原理をハイゼンベルクより2000年も前に悟っていらしたのです。

このように量子力学と仏教の世界観は驚くほど一致しており、1949年にわが国で初めてノーベル賞を受賞した湯川秀樹博士も、「素粒子の研究にギリシャ思想はまるで役に立たないが、仏教にはたくさんのことを教えられた」と語っています。

人間が観測すると粒子が現れる

素粒子という壁の前で立ちすくんでしまった科学者たちですが、その後の研究で、素粒子は位置と速度の結合である「量子」という状態にあり、確率の状態（分布状態）さえ分かれば位置と速度を確率論的に計算できることが分かってきました。これなら素粒子の動きを何とか把握できる――謎に包まれていた量子の世界に一条の光が射し込んできたのです。

量子力学の確率論では、空間は不安定な「ゆらぎ」状態にあって、すべて（諸行）は確率に支配されたうつろいゆくもの（無常）とされ、仏教の諸行無常と同じ世界観を示しています。

デンマークのコペンハーゲンは量子力学の聖地と呼ばれる美しい街です。１９１３年、同市の物理学者ニールス・ボーアは、電子が定められた軌道を回っているという理論にもとづいた原子の構造モデルを提唱し、量子力学の基礎を構築、市内在住のハイゼンベルクたちとともに量子力学の確立に努めました。

ボーアたちが唱えたのは、量子が波と物質（粒子）の両方の性質を持っているという量子力学の最大の謎に対する画期的解釈でした。量子は、人間が観測していない間は空間の特定の位置には存在せず、確率を持った波として広がっているが、人間が観測した瞬間に波が一つになって（収縮）、確率的に決まる一点で粒子が発見されるという「コペンハーゲン解釈」がそれです。まるで仏教の「唯識所変」（心が現実を生み出す）の教えを思い起こさせる世界観です。

量子は波であると同時に粒子でもある

量子力学では、人間が観測する前の量子は波であると同時に粒子でもあるという「相補性」が骨子となっています。東洋の陰陽思想の大極図も明は暗があるからこそ明であり、暗も明があるから暗であるという相補性を象徴したもので、ニールス・ボーアはこの太極図を自らのナイトの家紋に使用するなど、東洋哲学に傾倒、「われわれはブッダや老子がかつて突き当たった認識の問題に迫るべきである」と語り、仏教に学ぶべきだと主張したのです。

コペンハーゲン解釈では「人間が観測すると粒子が現れる」とされますが、ということは観測者（人間）の意識が物質（現実）を創り出しているということで、こうした現象を「観測者効果」と呼んでいます。

量子論の父マックス・プランクは、「意識は物質よりも根元的で、物質は意識の派生物に過ぎない」と述べています。マンハッタン計画（初の原爆プロジェクト）の主要メンバーであるハン

太極図を取り入れたボーアの家紋

ガリーの物理学者ユージン・P・ウィグナー（1963年ノーベル物理学賞受賞）も「意識に言及することなしに、量子論の法則を定式化することは不可能だった」と意識と物資とのかかわりを示唆しています。

仏教の教えは観測者効果と一致

仏教の教えは量子力学の観測者効果と驚くほど一致しています。

『般若心経』では「色即是空、空即是色」（色すなわち空であり、空すなわち色である）と述べられていますが、ここでいう色は物質（粒子）、空は波動が広がる空間を意味します。すなわち人間が観測（意識）することで空（波動）が色（物質）に、あるいはその逆になることを意味しているのです。

また、仏教では現実は「遍計所執性《へんげしょしゅうしょう》」（実体のない対象を誤認して執着するもの）だとされ、この世のすべての物質や現象は実は存在せず、「唯識所変《ゆいしきしょへん》」（ただ認識によって変化）したものであり、人間が感じ体験している現実はすべて心（識）が生み出したものにすぎないと教えています。

これらの仏教の教えはまさに量子力学の観測者効果そのものです。量子力学のコペンハーゲン解釈では、素粒子は人間が観測していない間は空間の特定の位置には存在せず、どこかに現れる確率を持った波として広がっています。そして「A点にいる状態」と「B点にいる状態」とが「重ね合わせ」の状態にあり、人間が観測した瞬間に波が収縮して確率的な一点で粒子が発見されるとされます。

観測者効果と呼ばれるこの現象はまさに遍計所執性や唯識所変の意味するところで、仏教と量子力学の驚くべき一致を示しているのです。

人間が観察すると粒子が空から現れる

量子力学の数学的基礎を築いたアメリカの天才数学者フォン・ノイマンは、観測者効果について「波動関数の収束は理論の枠内ではなく人間の意識内で起こる」、「量子力学の最大の発見はこれまで考えられたことのない精神の力の発見だ。実在が意識を作るのではなく、意識が実在を作る。こうした意味で、現代物理学が生み出す哲学と悟りの哲学である仏教は区別できなくなりはじめている」と述べています。

万物の正体はあの世からにじみ出る波動であり、人間がそれを観察することで粒子があの世から現れて仮想現実（バーチャルリアリティ）を創り出しているというわけです。

人間が観察すると粒子が真空から現れて仮想現実を創り出すという観測者効果は、仏教の「諸法無我」（すべての存在は正体がない）という教えとうり二つです。

量子力学において、量子は他との関係性の中で絶え間なく揺れるゆらぎであり、観測者の観測による関係性の変化によって、粒子（物質）として実在化するのです。

懐疑論者の想念が超能力発揮を邪魔する

「想念が現実を創り出している」というボーアの言葉を実証するのが「羊と山羊の問題」と呼ばれる現象です。

超能力の有無を調べた数々の実験では、超能力を信じている人間（羊）が実験をすると超能力が存在するという結果が出ますが、超能力を信じていない人間（山羊）が実験をすると超能力は存在しないという結果が出てしまいます。

この事実は懐疑論者（山羊）たちの想念が、超能力者が超能力を発揮するのを邪魔していることを示唆しています。頑固な人間の想念が「超能力は存在しない」という現実を創り出しているのです。

キリストをはじめとする超能力者たちがさまざまな奇跡を起こした逸話が昔の記録に記されていますが、現代社会では超能力の存在は否定されています。その理由は、懐疑論者（山羊）が絶対多数の現代では、山羊が多すぎて超能力者たちの超能力が抑圧されているためなのです。

潜在意識は宇宙と現実をつなぐ橋

哲学者や心理学者としても名高いアメリカの物理学者デヴィッド・ボームは、この世界と並行して「暗在系《あんざいけい》」という宇宙があると主張しました。時間や空間などの次元以外に意味という次元があって、暗在系にその意味が反映することで素粒子（物質）がこの世界に現れるというのです。そして「精神も物質同様エネルギー」であり、人間の意識が暗在系に意味を付与することによって素粒子がこの世に姿を現すと、ボームは述べています。

たしかに人間の心はこの世で唯一異次元の世界です。

心は物質界にはない意味という高次の次元を含み、大宇宙も意味（最高意志）を持って存在していると、ボームは主張しています。さまざまな法則に縛られた物質世界は、高次元の宇宙から見れば、限られた壁の中に存在する小さな世界にすぎません。心は大宇宙の意味（意思）と通じることで物質世界の法則を超えているのです。

仏教の「色心不二《しきしんふに》」（物質と心は一つ）という教えのとおり、心の奥底で意味を付された暗在系は目的を付された物質として現実世界ににじみ出るのです。

最新宇宙論も仏教の教えと酷似

カリフォルニア大学のジェフリー・チュウ教授は、さまざまな実験結果をもとに「部分が全体に影響し、全体が部分に影響する」とする最新宇宙論ブーツストラップ理論を発表して、科学界に衝撃を与えました。

そんなチュウは、ある日、自分の高校生の息子がまだ教えていなかったブーツストラップ理論を突然話し出すのを聞いて目を丸くしました。聞くと学校の授業で習った「部分が全体で、全体が部分である」という仏教の教えだそうで、はるか昔にお釈迦さまが自分の理論を知っていた事実に教授が愕然としたというのは有名な話です。

仏教では、「一即一切《いちそくいっさい》、一切一即」（部分が全体で、全体が部分）とブーツストラップ理論と酷似する世界観を紀元前から説いていたのです。

そんなお釈迦さまの主要な教えの一つが「縁起」です。

縁起は「因縁生起」の略で、縁は関係性のことを言い、すべての存在は互いに関係しているとされます。一方、起は縁から産まれる事象（物質や現象）のことで、縁起全体としてはすべてが関係性によって成り立ち、互いに影響を与え合っていることを意味し、「一切法因縁生《いっさいほういんねんしょう》」（すべては因縁によって生じる）とされます。

すべての存在は互いに関係する

すべての存在は他との関係性なしには存在できず、すべての出来事は他との関係性（縁）の下で起こり（起）ます。「諸行無常」というようにすべて（諸行）は絶え間なく変化（無常）する一体のもので、切り離すことなどできないのです。

何ものもこの宇宙に存在しているかぎり、必然的に宇宙との関係を持たざるをえず、何とも関係しない存在などありえません。すべては他との関係性によって存在する相対的な存在で、アインシュタインの相対性理論もまさにこの点に着目した革命的発見でした。

仏教では、意識と物が別々に存在し、そこから関係性が生まれるのではなく、最初に関係性（縁）が存在し、その関係性の構成要素として意識や物が存在して事象が起こる（起）とされています。

宇宙論的にもビッグバンの1原点から生まれた宇宙は、そのときの関係性をいまも引き継いでいると言われます。わたしたちの意識も宇宙の無限の関係性（縁）の中で生まれ（起）、宇宙と関係しながら働いているのです。北欧の大哲学者キルケゴールが名著『死に至る病』の中で、「自己とは、ひとつの関係、その関係それ自身に関係する関係である」と仏教と同じように関係性をもとにした世界観を綴っているのも興味深い話です。

ちなみに、あの『スターウォーズ』のルーク・スカイウォーカーも、宇宙を動かす「フォース」の正体は単なる力ではなく、「すべてのかかわり合いである」と明かしているのをご存じでしょうか。

まずは場（縁）ありき

縁起は複雑な多次元の関係性の網をなし、時空を越えて働きます。「因果縁報《いんがえんほう》」（因から果が縁から報が生まれる）という教えのように、すべては縁によって起こり、無数の関係性が織りなす場の中で万物が誕生、成長、衰退、消滅を繰り返しています。

仏教の三法印の一つである「諸法無我」（すべての存在は確たる主体がない）の法は、事象（存在のことで、主体はなく、他の法からの働きかけ（縁）によってこの世に生まれるとされます。そして、「有刹那故定無行動」（刹那なる故に定《さだ》んで行動することなし）という教えのように一瞬だけ存在してそのまま消えてしまいます。

一方、量子力学においても関係性（縁）は重要な概念の一つです。

量子力学においては、まずは「場」（物理量を持った空間）ありきとされ、そこに波と粒子が可能性として重なり合っていて、人間の意識との関係性からくる観測（縁）によって場の一部が粒子に変わる（起）ことで現実が作られます。素粒子が客観的にそこにあるのではなく、意識が空間を観察することによって主観的に出現するのです。

素粒子は場に起こる状態の変化

量子力学においては、素粒子は確たる物質ではなく場に発生する「状態の変化」と考えます。

たとえば球場のスコアボードは、表面に並ぶ無数のランプが次々と点滅することによって、遠くから見るとさまざまな映像として見ることができます。実際には一つ一つのランプが順を追って光って消えただけで、光るランプの場所（場）が変わっただけの状態の変化にすぎません。素粒子はこのスコアボード上を移動する光に譬えることができます。

仏教にもこれと似た譬えがあります。

ろうそくの炎は同じ炎が燃え続けているように見えますが、実は一瞬燃え上がった炎が瞬時に燃え尽きて、その直後に別の炎が燃え上がることで、絶え間なく燃と消を繰り返しており、スコアボードの譬えと同じ場の変化の引き継ぎだとされます。

「諸法無我」の教えのようにこの世ではさまざまな法（事象）が、確たる実態のないまま生まれては消滅することが繰り返されており、こうした状態の引き継ぎを仏教では「相続」と呼びます。

このように仏教においても量子力学においても、世界の基本は関係性の場（縁）であり、その場に起こる状態の変化（起）によって事象（素粒子）が生まれては消えるを繰り返すとされています。

宇宙のすべてがつながる量子もつれ

宇宙のすべてがつながり合っている証拠となるのが「量子もつれ」という現象です。宇宙を構成する物質の基本要素である素粒子は、軸を中心にスピン（自転）していますが、ある種の対の素粒子はどんなに遠く離れていても、この軸が互いに反対向きになることが知られているのです。

二つの素粒子が遠く離れた宇宙にいても媒体なしに情報を交換しあい、相互に影響を及ぼしあうこうした現象を量子もつれと呼んでいます。集合的無意識はこの現象によって、すべての心を量子力学的につないだメカニズムによるものなのです。

そしてこの現象を利用したのが量子テレポーテーション（素粒子の量子状態を、離れた空間の素粒子に再現する技術）で、現在開発が進んでいる量子コンピュータへの応用が期待される夢の技術です。

量子コンピュータの開発競争が激化

量子コンピュータの計算能力はすさまじく、人間の智能を越えたＡＩ（人工知能）の実現に不可欠な超最先端技術と期待され、グーグルやＩＢＭなどによって実用化へ向けた開発競争が世界的に進んでおり、すでにカナダ企業の製品が発売されています。

日本でも国立情報学研究所やＮＴＴなどの研究チームが国産量子コンピュータの試作機を完成して、改良のための無償利用サービスを開始、早期実用化を目指しています。

一方、ＩＢＭはすでにクラウドベースの量子コンピュータをオンライン上で無料利用できるIBM Q Experience の商用化を推進、最新型は超高速の回答時間によって既存のスーパーコンピュータでは計算不能な多項式問題も解くことができるとしています。

こうした量子コンピュータは量子力学の観測者効果のメカニズムを説明する鍵ともなります。後に詳しく述べますが、宇宙論の世界的権威ロジャー・ペンローズ博士の主張にもとづくと、人間の意識は量子情報であり、脳は量子コンピュータとして量子テレポーテーションを使って意識の量子情報（因）を宇宙に送っているといいます。そして、それを受け止めた宇宙が反応（果）、宇宙の縁のネットワークを動かして（応）、場（縁）に広がる波を収縮させ、現実空間に粒子（事象）を出現（報）させる（観測者効果）のです。

これこそが観測者効果の背後にあるメカニズムであり、仏教の教え「因果応報」とも合致する宇宙法則として、日蓮大聖人の奇跡を量子力学的に説明することができるのです。

一念三千は重ね合わせ理論だ

量子は粒子と波の二つの状態を併せ持つ「重ね合わせ」の状態にあり、人間の観察によってA点に現れたり、B点に現れたりしますが、その両方の可能性がどちらも実現されることがあります。

後述する「多世界解釈宇宙論」では、世界は可能性ごとに枝分れするため、粒子がA点に現れた世界とB点に現れた世界が、同時に枝分れして出現すると考えます。その結果、それを観察している人間も二つの枝分かれ世界に存在することになり、観測者がA点に現れた粒子を見ている世界と、B点に現れた粒子を見ている世界が並行して存在することになるのです。いわゆるパラレルワールドです。

実はこうした、量子力学の重ね合わせ理論は法華経においてはすでに既知のものでした。前述したように法華経には「一念三千」の教えがあります。

一つの生命に三千の諸法（世界）が同時に重なり合っているというこの世界観は、まさに重ね合わせ理論そのものです。面白いことにロシアの大作家ドストエフスキーも名著『カラマゾフの兄弟』の中で「人間は二つの深淵を同時に覗き込むことのできる存在だ」と一念三千を彷彿とさせる記述をしています。

一念三千の法理について日蓮大聖人は「浄土というも、地獄というも、外にはそうろわず。ただ我らがむねの間にあり」（浄土も地獄も外ではなく、われらの心の中にある）と仰《おお》せです。たとえいまは低い地獄のような境涯が現れていても、心のうちにはさらなる十界《じっかい》が具わっているので、努力によってより高い境涯を現し、ついには仏界に達することができるとされているのです。

一念三千法理は観測者効果にも合致

法華経の教えは量子力学の重ね合わせ理論に合致するとともに観測者効果にも合致しています。すなわち、心のうちには十界が重ね合わさっており、そこに人間の意識が働きかける観測者効果によって、重ね合わせが収束してそれぞれの人間のレベルに応じて地獄界から仏界に至るまでのいずれかの境涯となって現れるというわけです。

法華経の「因果倶時《いんがぐじ》」はこの世には因（原因）と果（結果）が同時に備わっているという教えで、重ね合わせ理論そのものですし、「色心不二《しきしんふに》」（事象と心は一つ）や、「而二不二《ににふに》」（二つにして二つではない、二つであるがどちらとも言えない）などの教えも、重ね合わせ理論とうり二つです。たとえば古代インドの僧・龍樹（ナーガールジュナ）が著した『中論《ちゅうろん》』の「観燃可燃品《かんねんかねんぼん》」の章では、「燃えている薪は火と薪が一体で而二不二であり、どこからが火でどこからが薪なのかをはっきりと区別することはできない」とされているのです。

十如是は量子力学で証明できる

「十如是《じゅうにょぜ》」は法華経の世界観を表わす重要な教義で、すべての存在に共通する十の要素をいいます。十如是について法華経の「方便品第二《ほうべんぽんだいに》」では「ただ仏と仏のみ、及《いま》しよく諸法の実相を究《く》尽《じん》したまえり、いわゆる諸法の如是相、如是性、如是体、如是力、如是作、如是因、如是縁、如是果、如是報、如是本末《ほんまつ》究《く》竟等《きょうとう》なり」と述べています。

その意味は、諸法の実相（万物の本質）は相、性、体、力、作、因、縁、果、報、そしてそれらが矛盾なく統一されているということです。

一方、これを量子力学の視点から見るとどうでしょうか。

量子力学的に十如是を見れば、相（形）は波、性（性質）は波動、体（実体）は量子、力（内在力）はエネルギー、作（作用）は波動方程式、因（変化の原因）は波動関数、縁（変化の外因）は観測、果（結果）は粒子、報（結果の現れ）は粒子の位置と速度、本末究竟等（統一性）は以上の九要素が量子力学的に統一されていると解釈することができるでしょう。

宇宙の万物を生み出すのは人間の心

量子力学が解明したように意識と量子は相互に作用しあっており、人間の強い想念は粒子の出現に影響を与えます。

そのため、量子力学でも仏教でも、万物を生み出すのは人間の心だとされているのです。

では、具体的には心はどのようにして万物を生み出しているのでしょうか。

お釈迦さまは「諸法実相」（すべての現象は実相〈究極の真理〉から発する）とおっしゃっています。また、日蓮大聖人は「諸法と十界《じっかい》を挙げて実相とは説かれてそうろへ、実相というは妙法蓮華経の異名なり、諸法は妙法蓮華経ということなり」（お釈迦さまは諸法と十界を挙げ、これを実相と説かれた。実相というのは妙法蓮華経の別名で、諸法は妙法蓮華経ということなのである）と仰《おお》せで、万物の実相は妙法蓮華経であるとされており、人間の心の奥の実相（妙法蓮華経）が万物を生み出すという宇宙観は、量子力学のそれと完全な一致をみせています

また心理学の巨人ユングも「無意識の中心には巨大な力が存在し、そこからこの世のすべての物質的現象が生まれてくる」と同様の主張をしています。

南無妙法蓮華経がすべてを創り出す

では、すべての源であるという実相はいったい何処に存在しているのでしょうか。

日蓮大聖人は「九識法性《ほっしょう》とは、いかなる所の法界を指すや。法界とは十界《じっかい》なり。十界即諸法なり、この諸法の当体、本有《ほんぬ》の妙法蓮華経なり」と仰《おお》せで、九識に存在する根本法（法性）は十界すなわち諸法（すべての存在や事象）のことであり、その実相は万物の実相としての妙法蓮華経だとされ、九識に万物の源である妙法蓮華経が存在していることを教えてくださいました。

では、妙法蓮華経が万物を生み出すメカニズムを科学的見地から考えてみましょう。

量子力学では、なにもない空間に二つの状態を持った量子が広がっています。量子はいつもは目に見えない波動として空間に広がっていますが、人間の意識が観測すると、観測者効果によって収束して粒子として現実空間に姿を現し、さまざまな事象をもたらします。

一方、妙法蓮華経が万物を生み出す量子力学的メカニズムとしては、日蓮仏法信者が南無妙法蓮華経を唱題することで、空に広がる波動が呼び覚まされ、如来の神通力が働いて、現実空間に万物・万象（粒子）を出現させることで奇跡をもたらすと考えられるのです。

幸も不幸も人間の想念が創り出していた

量子力学の観測者効果によれば、人間（観測者）の想念（意識）は何もない空間（真空）から現実（物質や事象）を創り出すとされます。

ということは、わたしたちの目の前の現実は、わたしたちの意識が創り上げたものだということになります。わたしたちが空間（真空）を意識したことで、そこに広がる波動が意識に応じた粒子（現実）を創り出し、わたしたちの目の前に出現させているのです。言ってみれば目の前の現実は、わたしたちの想念によって創り出された幻想です。

現実世界を創り出したのは、わたしたちの意識であり、現実世界の主人公はそれを創ったわたしたちです。だとしたら、意識次第で目の前の現実を作り変えることができる――これこそ南無妙法蓮華経が奇跡をもたらす科学的メカニズムです。

日蓮大聖人の雨乞いの奇跡も「真言律宗の過ちを世に知らせ、正しい法華経を弘めたい」という大聖人のすさまじいまでの想念が、自らの地位を守るのに汲々とする忍性の想念を凌駕して、干天に雨を降らすという大奇跡を起こしたのです。

第4章　南無妙法蓮華経は宇宙の波動と科学が証明

すべての存在は波動からなる

弘法大師空海は「五大にみな響きあり」（地・水・火・風・空すべて響きである）と述べ、この宇宙のすべては響き（波動）であると示しています。

量子力学でも、万物の実の姿は波動だとされており、エネルギーや物質もせんじ詰めればその正体は波動だといいます。

マックス・プランクは、「万物は振動（波動）とその産物であり、現実には何の物質も存在しない」と主張、驚愕の新理論は科学界を揺るがせました。プランクによると長い間その正体が謎だった光も「その実体は波動で、ときとして素粒子のようにふるまう」というのです。

プランクはすべての物質の実の姿は波動だと主張しましたが、その後を受けて波動とその性質を方程式で表わすことに成功したのが量子力学の創始者の一人エルヴィン・シュレディンガーです。

波動力学はシュレディンガーの波動方程式を基礎に置く量子力学理論で、この方程式を用いれば、素粒子の問題をすべて解くことができるといいます。

では、物質（素粒子）の正体とされる波動とは、いったいどのような存在なのでしょうか？
以下にご説明しましょう。

万物は極微のひもの振動である

量子論と相対性理論を統合する可能性を持つ最先端宇宙論の一つに「ひも理論」があります。この理論によれば、万物の最小単位は超微小のひも（弦）で、このひもがさまざまな振動モードで振動することで波動や粒子の性質を示し、あらゆる素粒子となって現れるのだとされます。

一方、「超ひも理論」はひも理論をさらに発展させたもので、万物を形成する最小単位は長さがプランク長（存在できる最短の長さ）の極微のひもで、太さは持たないとされます。

この理論を使えば、２００種類以上の素粒子を説明することができるとも言われ、万物理論（自然界の四つの基本的力を統一する理論）の最大の障壁である発散問題（計算中に無限大が出てきてしまう問題）も解決可能だとされます。超ひも理論は宇宙の謎の解明に迫ることが期待される最先端理論の一つなのです。

波動で病気を治すことができる

量子力学によると、万物の実の姿である波動は波長に応じたそれぞれの意味を持っており、さまざまな形で物質界に姿を現すとされます。

もし万物の正体が波動だということになれば、人間の体も意味を付された波動でできていることになります。わたしたちの体が波動だとはにわかに信じがたいですが、量子力学的に言えばそういう話になるのです。そして、人間の臓器も波動からできていて、それぞれの臓器ごとに異なる周波数の波動を持つことになります。

ただし、ここで一つ問題が出てきます。波動は周囲の波動による共鳴などの影響を受けてしまうということです。もし臓器や細胞が波動でできているとすれば、周囲の環境が発する波動による磁気のストレスによって波動を乱されてしまうはずです。その結果、臓器や細胞が異常な波動に変わってしまい、機能不全に陥ってしまうでしょう。そうした悪影響の源となる周囲の環境としては、薬品、化学物質、電磁波、放射線、地下水脈や地殻などを挙げることができます。

こうした理論を医学に用いたのがドイツをはじめとするヨーロッパで発達している波動療法です。波動療法は読んで字のごとく波動によって病気を治療する治療法で、異常な波動を出す細胞や臓器に正しい波動を与えて共鳴させ、正常な波動に戻すことで疾患を治療することができるとされています。

心も波動、ほかの波動の影響を受ける

これまで述べたことで、万物の実体である波動がわたしたちの体に、いかに重要な役割を果たしているかがお分かりいただけたかと思います。

万物を形作る波動は、わたしたちの体だけでなく、心の実体でもあります。量子力学的には、わたしたちの心の働きは波動であり、精神の実体も波動なのです。

だとすれば、波動は周囲の波動の影響を受けるため、わたしたちの心の波動も周囲のさまざまな波動の影響を受けることになります。人間の心に影響を与えるそんな波動の代表が「音」です。

第7章のところで詳しく述べますが、潜在意識と密接にかかわる古い脳や聖なる神経は音を感じる聴覚神経とつながっているため、音はそれらの脳や神経に直接働きかけることができます。心をダイレクトに揺さぶることができる波動が音なのです。

そんな音を構成する要素の一つが高低です。音が低いところから高いところへと上がるにつれ

て波動の周波数も上がってゆき、聴覚神経経由で古い脳や聖なる神経の周波数も同調して上昇し、活性化します。多くの曲の「さび」の部分が低い音から高い音へと上がってゆくのは、こうした心の活性化効果によって感動を盛り上げるためなのです。

南無妙法蓮華経のリズムを科学的に分析

宗教の祈りの言葉についてはどうでしょうか?

たとえばアーメンや南無阿弥陀仏などを形成する音は高いところから低いところへと下がってゆくため、それに同調した心の周波数も落ち込んでネガティブになってゆきます。

一方、南無妙法蓮華経では、同じ高さの音の繰り返しが続きます。同じ音の繰り返しを音楽ではオスティナートと呼び、同じ音を繰り返すことでリズムのみに集中することができ、どんどん昂揚感が高まってゆきます。オスティナートは『ゴジラ』のテーマ曲をはじめとする多くのヒット曲で使われている盛り上げのテクニックです。

日蓮仏法信者が南無妙法蓮華経を唱題するうちに心がどんどん高揚するのは、オスティナートによる昂揚効果のおかげだったのです。

音のテンポが速いほど昂揚感が上昇

音の持つもう一つの要素がリズムです。

リズムも波動の性質の一つで、古い脳や聖なる神経を聴覚神経経由で直接刺激して潜在意識に働きかけることができます。たとえば南無阿弥陀仏は「ナン、マイ、ダー」という三つの拍からなっています。かたや南無妙法蓮華経は「ナン、ミョウ、ホウ、レン、ゲー、キョウ」と六つの拍からなっており、そのテンポは南無阿弥陀仏の2倍です。

音に関する実験では、テンポが早くなるにつれて脳の昂揚感が上昇することが明らかになっています。テンポが2倍である南無妙法蓮華経のリズムが南無阿弥陀仏より心を高揚させることができるのにはそんな理由があったのです。

月のリズムと南無妙法蓮華経が一致

南無妙法蓮華経のリズムの秘密はこれだけではありません。「ナン、ミョウ、ホウ、レン、ゲー、キョウ」と南無妙法蓮華経が六つの拍を打つのに必要な時間は約3・1秒。1分間では6×（60÷3.1）＝約116拍を打つことになります。BPM（Beat Per Minute：1分あたりの拍数）はリズムを表わす単位で、116拍は116BPMになります。

南無妙法蓮華経のリズムが116BPMであるということには深い意味が含まれています。実は116BPMは月のリズムなのです。

月は太陽より少し遅く空を進むため、空の同じ場所に戻ってくるには太陽より若干時間を要します。そのため、月を基準にした1日は24・8時間と、太陽の1日より少しばかり長くなっています。1拍の基本である四分音符は基本的には1秒を基準にしています。すなわち、太陽のリズムをもとにした1日24時間単位では、1分間（60秒）あたり60拍（60BPM）を刻みます。

一方、月のリズムにおいてはどうでしょうか。月が進むのに要する時間は太陽を1秒とすると24.8÷24秒になりますから、その拍数は太陽のリズムにおける1分間（60秒）では60÷（24.8÷24）＝58BPMになります。58BPMは南無妙法蓮華経の拍数116BPMのジャスト2分の1

――なんと南無妙法蓮華経のリズムは月のリズムのきっかり2倍の倍音だったのです。

倍音とは、ある音に対する倍数の周波数の音のことで、元の音と共振しあうことが知られており、リズムを周波数と考えれば、南無妙法蓮華経は月のリズムの倍音といえます。

地球生物は潮の満ち引きが生活リズム

人体は生理的働きを約24時間周期で変化させており、そのリズムを概日リズム（サーカディアンリズム）と呼んでいます。しかし、この概日リズムは太陽のリズムである1日24時間とはわずかなずれがあるため、わたしたちの体は朝起きて日光を浴びるとそのずれを自動的に調節するようにできています。

では、人体のリズムが太陽のリズムとずれがあるのはどうしてなのでしょうか。

月はその引力によって潮の満ち引きをはじめとして地球に多大な影響を与えており、地球に生きる生物にもさまざまな影響を及ぼしています。

太古の昔、地球生命の誕生は海の中でした。海の生物は潮の満ち引きによって大きな影響を受けるため、1日約12・4時間周期の潮の満ち引きに同調した生体リズムを持っています。これを概潮汐《がいちょうせき》リズムといいます。さらに一桁大きいリズムでは、新月－満月－新月に要する29・5日周期の月のリズム（概月リズム）になります。

陸の生物にも、かつてそのご先祖たちが海の中で暮らしていた頃の月のリズム（概潮汐リズム）

がいまでも受け継がれています。女性の月経もこのリズムであり、月のリズムこそ人間を含む地球生物本来のリズムです。そのため、人類が古来から使っていた暦（太陰暦）では30日を1ヶ月としていたのです。

南無妙法蓮華経のリズムは月のリズムの倍音となっており、南無妙法蓮華経を唱えるとわたしたちが元気になるのは、そのリズムが人体本来のリズムと倍音の関係にあったからなのです。

南無妙法蓮華経と宇宙の周波数が共鳴

何もない自然界で周波数を計測すると、約7.8Hzを記録します。これは地球の振動によるシューマン共振と呼ばれる周波数で、地球上どこでも観測されます。実は、生まれたての赤ちゃんの脳波も7.8Hzで、シューマン共振の周波数が宇宙の周波数と呼ばれる所以です。

このシューマン共振の周波数と、南無妙法蓮華経との間には深い関係があります。Hzは1秒あたりの振動数を意味し、7.8Hzは1分間では7.8×60≒470振動、拍数では470BPMになります。この470BPMを4で割るとBPM117になって、南無妙法蓮華経の拍を熱心に唱えた場合の、きっかり4倍になります。なんと二つの波動の間にも倍音の関係があったのです。

前述したように倍音どうしは互いに共鳴しあいます。南無妙法蓮華経は宇宙の周波数7.8Hzとも共鳴する宇宙の波長を持っていたのです。

初めの音「あ」音は宇宙の音

南無妙法蓮華経の持つ科学的神秘はこれだけではありません。

音の持つもう一つの要素が発音です。

南無妙法蓮華経をはじめとするさまざまな祈りの言葉の最初の文字には「あ」（仏教では「阿」）音が含まれています。南無妙法蓮華経はもちろん南無阿弥陀仏、アーメンやアラーなどといったさまざまな祈りの言葉、さらには「あいうえお」や「ＡＢＣ」などの言葉も最初の音はなぜかいつも「あ」音です。「あ」音は初めの音とも呼ばれる音なのです。

「あ」音は瞑想状態で聞こえる音とも言われます。映画『グラン・ブルー』に登場した素潜りの世界記録保持者ジャック・マイヨールが深海で聞いた音も「あ」音でしたし、アポロ９号のシュワイカート宇宙飛行士が船外活動中に聞いたという音も「あ」音だったそうです。

そんな初めの音である「あ」音は宇宙にもともと存在する聖なる音と言われ、宇宙創造で無から有が生み出されるときに発生した音だとも言われています。この聖なる「あ」音を持つ南無妙法蓮華経を唱えることで、無から有が生まれるのです。

南無妙法蓮華経は宇宙の波動と科学が証明

これまで述べてきたようにさまざまな祈りの言葉のなかでも、聖なる音、聖なる高低、聖なるリズム、そして宇宙の波長を合わせ持つ究極の波動が南無妙法蓮華経です。

日蓮大聖人が「本門の肝心たる妙法蓮華経の五字」と仰《おお》せのとおり、妙法蓮華経は法華経の中心をなす言葉です。これまで述べたように科学的見地から見ても、南無妙法蓮華経が宇宙の波長を持つ聖なる波動であり、宇宙と共鳴して奇跡を引き起こす実相（本仏）であることは、明らかなのではないでしょうか。

第6章でも詳しく触れますが、南無妙法蓮華経を唱えると、最初は高まった脳波の周波数は集中にともなって次第に低下し始め、やがて宇宙の周波数である7.8Hzに達します。すると、脳と宇宙の周波数が同周波数どうしで同調して増幅、そこへ倍音である南無妙法蓮華経の周波数が共鳴することで、頭蓋内で共振・増幅（頭蓋骨共振）して、宇宙の波動の圧倒的なうねりが、古い脳や聖なる神経経由で潜在意識へとなだれ込みます。その結果、潜在意識に刻まれた前世の悪業《あくごう》の記憶の悪しき周波数が、聖なる宇宙の周波数に同調して正しい周波数へと書き換えられることで、前世の悪業が完全に消し去られ、宿命滅消がなされるのです。

南無妙法蓮華経の唱題は今生における宿命滅消を可能にするとともに、その功徳としての冥益《みょうやく》や顕益《けんやく》を唱える者にもたらしてくれるのです。

第5章　大曼荼羅御本尊は最新宇宙論

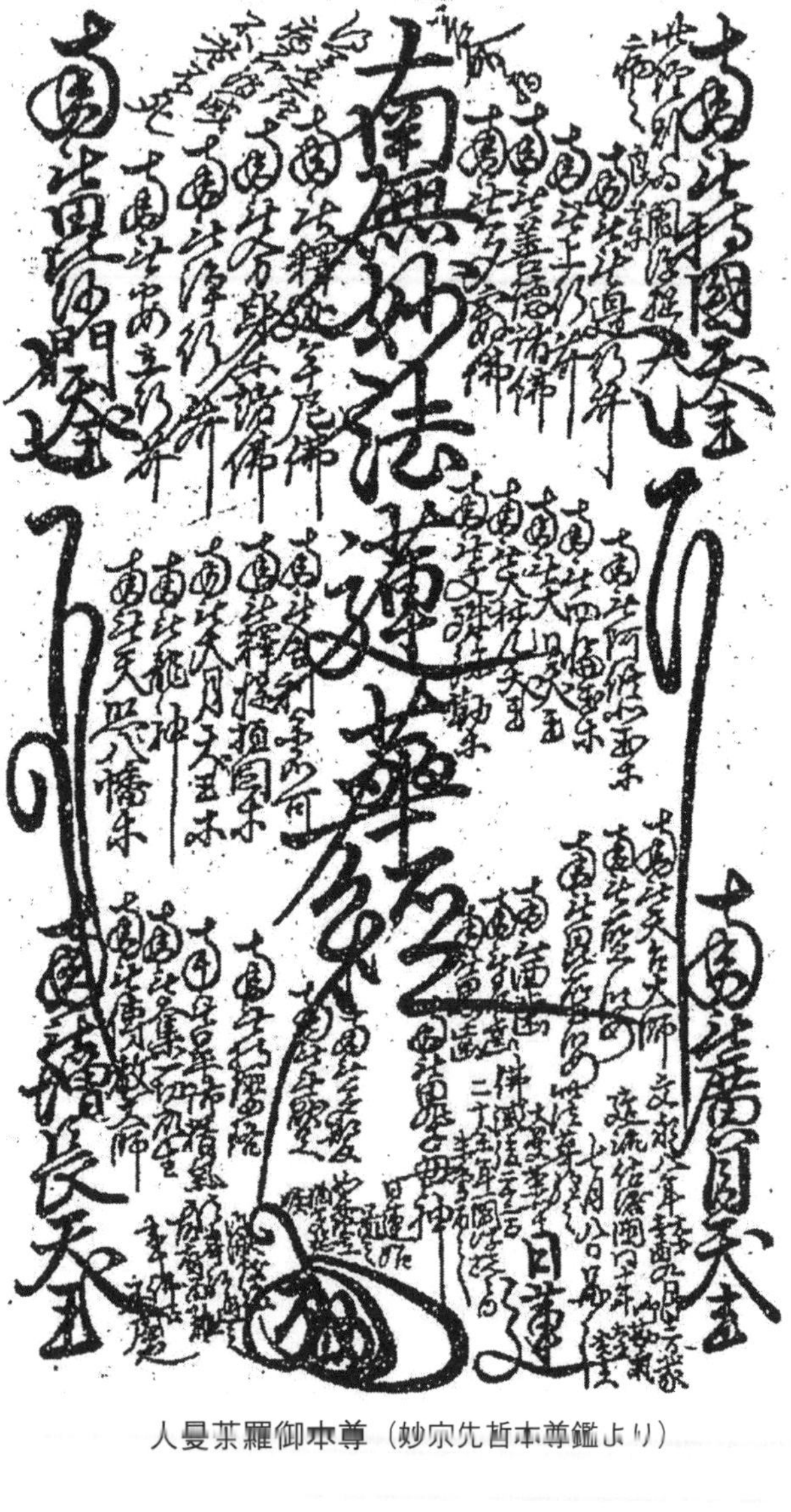

人曼荼羅御本尊（妙宗先哲本尊鑑より）

ご本尊には深層心理学的意味が

日蓮仏法には、末法《まっぽう》の時代に生きる衆生《しゅじょう》の成仏のための三大秘法があります。本門の題目、本門の戒壇《かいだん》、そして本門の本尊です。

このうち本門の題目は本尊を信じお題目（南無妙法蓮華経）を唱えること、本門の戒壇はお題目を唱える場、本門の本尊は南無妙法蓮華経あるいはそれを図顕した曼荼羅《まんだら》形式のご本尊のことです。曼荼羅は仏教における悟りと世界観を表わした図画のことで、なかでも日蓮大聖人のお創りになられたご本尊は、大曼荼羅御本尊と呼ばれています。

「この大曼荼羅は日蓮が魂を墨に染めながしてかきてそうろうぞ、仏の御意《ぎょい》は法華経なり」（この大曼荼羅は日蓮の魂を黒く墨に染め流して描いたものだ。仏の御心は法華経である）と日蓮大聖人が仰《おお》せのとおり、大曼荼羅御本尊は法華経の一念三千の世界を大聖人自ら図顕されたものです。その中心に位置する南無妙法蓮華経の周囲には法華経本門十四品《ほんもんじゅうよんほん》の諸仏・諸神に象徴される十界《じっかい》が具現されており、十界曼荼羅とも呼ばれています。

また、大聖人が「仏は文字によつて衆生を度《ど》し給《たま》うなり」（仏は文字によって人々を救われる）

と仰せのように、宇宙の根本存在である妙法蓮華経は心法（精神的な存在）であるがために、大曼茶羅御本尊は絵や像では表わしきれません。そのため、文字による文字曼茶羅の形式をとっているのです。

十界が描かれた大曼茶羅御本尊

では、大曼茶羅御本尊を近代科学の見地から見ると、どうなのでしょうか？

ユングは、精神疾患患者が描いた曼茶羅似の絵が自らの集合的無意識の概念図とそっくりなのを見て、曼茶羅の持つ心理学的意味を発見したといいます。

ユングは「ふだんは意識されない無意識は、心の分裂などの心理的危機に陥った際に意識に浮上してくる。意識と無意識の調和をはかるため、心が自らを治癒しようとする働きが意識にイメージとして表われてくるのだ」と述べます。

曼茶羅は潜在意識を具体的なイメージとして表わしたものだというのです。

いったい、文字曼茶羅である大聖人の大曼茶羅御本尊には、どのような文字が描かれているのでしょうか？

大曼茶羅御本尊の中央には南無妙法蓮華経が太々と描かれており、四方に四天王《してんのう》、左右に二明王《みょうおう》、その内側に仏や菩薩をはじめとする十界《じっかい》の諸仏神が描かれています。

十界すべてが南無妙法蓮華経から発している、あるいは十界すべてが南無妙法蓮華経に一体となるという世界観を大曼荼羅御本尊は表わしているのです。

宇宙とその法を表わす大曼荼羅御本尊

さらに詳しく大曼荼羅御本尊を見てみましょう。

大曼荼羅御本尊では、十界《じっかい》の諸仏神が四段に配置されており、最上段には釈迦や多宝如来などの仏界の諸仏神や四菩薩《しぼさつ》などの菩薩界の諸仏神が、二段目には普賢《ふげん》菩薩などの菩薩界、舎利弗《しゃりほつ》や大迦葉尊者《だいかしょうそんじゃ》などの縁覚界《えんかくかい》や声聞界《しょうもんかい》、大日天王《だいにってんのう》や大月天王《だいがってんのう》などの天界の諸仏神が、三段目には阿《あ》闍世王《じゃせおう》などの人界の諸仏神、阿修羅王《あしゅらおう》などの修羅界の諸仏神、大龍王《だいりゅうおう》などの畜生界の諸仏神、鬼子母神《きしもじん》や十羅刹女《じゅうらせつにょ》などの餓鬼界《がきかい》の諸仏神、提婆達多《だいばだった》などの地獄界の諸仏神が、四段目には天《あま》照大神《てらすおおみかみ》、八幡大菩薩《はちまんだいぼさつ》、伝教大師《でんぎょうだいし》などの法華経の先師たちが描かれています。

このように大曼荼羅御本尊には、仏・菩薩・縁覚・声聞・天・人・修羅・畜生・餓鬼・地獄の十界《じっかい》の諸仏神が描かれているのです。

では、このご本尊の構成はいったいなにを表わしているのでしょうか?

大曼荼羅御本尊が表わしているのは宇宙とその法です。

具体的には、中央に位置する南無妙法蓮華経（仏）が宇宙の根元法であり、その周囲に南無妙法蓮華経から発した十界（万人・万物）が展開していることが示されているのです。

人間の意識の誕生と悟りを表わす

大曼荼羅御本尊をさらに詳しく読み解くと、そこには二つの方向性があることが分かります。方向性の一つ目は、南無妙法蓮華経の周囲の十界衆生《しゅじょう》（個）が悟りを求めて中心の南無妙法蓮華経すなわち仏（宇宙の根本法）へと帰結する方向です。

この方向についてユングは、「心が悟りに至ったとき、曼荼羅という意識図の中心にある仏教の理想境地成仏にたどり着くことができる」と述べています。

もう一つの方向は、万物の根源である南無妙法蓮華経の中心から生命（個）をはじめとするすべてが発生し、互いにかかわり合いながら周辺へと展開・分化してバラエティ豊かな大宇宙を形成してゆきます。

宇宙の根本（実相）である南無妙法蓮華経からすべての生命が生まれて、個となることが示されているのです。

このように大曼荼羅御本尊は個の誕生と悟りへの到達という二つの道程を深層心理学的に示しており、心理学的にもその正しさは明らかでしょう。

ご本尊はビッグバンを表わしていた

では、大曼荼羅御本尊の構成を最新科学の見地から見ると、どうでしょうか？

まずは量子力学的に見てみましょう。曼荼羅の中心から周辺部に展開する方向性は、中心の無のゆらぎ（南無妙法蓮華経）からトンネル効果によってミクロ宇宙（諸仏神）が生まれたことを示しています。そして、そのミクロ宇宙が無の持つポテンシャルエネルギー（如来の神通力）によって拡大・複雑化し、生命や事象（十界《じっかい》）が生じて、この宇宙が作られたと解釈することができるでしょう。まさに最新宇宙論ビッグバンと完全に一致する宇宙観です。

曼荼羅の周辺部の生命や事象が中心部に集約してゆく方向についてはどうでしょうか？

この方向は周辺部にある物質や事象などのすべての存在（十界）が、中心の無へと帰結すると解釈することができます。これは「無から量子が生じて無に戻る」という量子力学理論と完全に一致した宇宙論です。

ご本尊も最新宇宙論も26次元で一致

次に、最新宇宙論の見地からも大曼荼羅御本尊を見てみましょう。

大曼荼羅御本尊の構成は最新宇宙論のひも理論と酷似しています。

ひも理論は物質の最小単位を極微の長さのひも（弦）とし、重力を含んだ系を説明できることから量子力学と相対性理論を統合できる万物理論の可能性を持つ理論で、この宇宙を26次元として説明しています。

大曼荼羅御本尊では、その中心に全宇宙の象徴である南無妙法蓮華経が君臨、そこから万物が四方に発し拡散しています。そこにおける宇宙は、左に愛染明王《あいぜんみょうおう》、右に不動明王の二明王、南方左に増長天《ぞうじょうてん》、北方左に毘沙門天《びしゃもんてん》、東方右に持国天《じこくてん》、西方右に広目天《こうもくてん》の四天王、さらに左右二つの十界合わせて二十界、計二十六と、こちらも26次元をなしています。

また、ひも理論を発展させた超最新宇宙論である超ひも理論では、極微のひもの長さを、宇宙の最短のプランク長とし、宇宙を10次元空間として説明しています。大曼荼羅御本尊でも宇宙を十界として表現しており、これまた10次元を表わしているのです。

このように最新宇宙論と大曼荼羅御本尊の次元は図ったように等しいことが分かります。大曼荼羅御本尊が表わす宇宙観は近代心理学や最先端宇宙論などとことごとく一致しており、その正しさが科学的に裏づけられているのではないでしょうか。

第6章　日蓮仏法による最先端心理改善術

なぜ日蓮仏法信者は幸せになれるのか？

さまざまな実例が示すように、日蓮仏法の教えは日蓮仏法信者のそれまでの境遇を一変させ、災いを追い払い、幸運と安楽を招き寄せてくれます。

では、科学的に見た場合、日蓮仏法信者が日蓮仏法の教えによって幸せになれる理由はなんなのでしょうか？　以下にその科学的メカニズムを検証してみましょう。

日蓮仏法の教えの中心となるのが宿命滅消と境涯変革です。

まずは「宿命滅消」からみてみましょう。

宿命とは生まれながら定められた個人の条件や環境を言います。性別、資質（風貌や能力）、親族、時代、環境、国などがそれで、自分では選ぶことはできません。誰もが振り向くような美人に生まれる人がいるかと思うとそうでない人もいて、「不公平だ」と一言文句も言いたくなりますが、どうしようもありません。人はこの世に生を受けたその時点で、自分では望みもしないさまざまな宿命を背負って生まれてくるのです。

前世の悪業が今世に不幸をもたらす

では、いったいなぜ人はそれぞれ違う宿命を背負って生まれてくるのでしょうか。

人類史上最高の叡智であるお釈迦さまに伺ってみましょう。

お釈迦さまは、生命は三世（前世、今世、来世）にわたるものだとおっしゃっています。そして、この三世こそが宿命の根本原因なのです。

「因果応報」（原因あれば結果あり）というお釈迦さまの教えは、簡単に言うと「前生の行為が今世に影響を与える」ということです。前世で犯した罪が因（原因）となり、今世で果（結果）としての報（宿命）となってその人に跳ね返ってくるのです。

もし前世で善行などのよい因があれば今世で幸せな果がもたらされますが、前世の悪業《あくごう》が因になると不幸な果である宿命が今世でもたらされるのです。

今世の不幸を恨むなら、前世のあなたの悪業を恨むほかありません。

また、今世で犯した罪も因となって来世に果をもたらすとされており、こうした一連の因果を三世の因果と呼んでいます。

「不幸は宿命だ」と諦める必要はない

これまでの度重なる不幸が前世の罪がもたらした宿命だったと聞いて、「どうもついていないと思ったら、前世の悪業《あくごう》のせいだったのか。じゃあ、どうしようもないな。一生不幸のままで終わるほかはないんだ」と落胆される方もいらっしゃるかもしれません。

たしかにそのとおりです。これまでのあなたの度重なる不幸は前世の悪業による因がもたらした逃れられない果（宿命）だったのです。でも、あきらめることはありません。救いはあります。

それが宿命滅消です。

宿命滅消は日蓮大聖人の教えのなかでも最高の救いと言われる教えです。いったいそれはどのような教えなのでしょうか。

宿命滅消は持って生まれた宿命を今世のうちに消し去ってくれる日蓮仏法の一大秘法です。逃れられないはずの宿命を今世のうちに消し去ることによって、三世の因果による不幸の連鎖から逃れることができる秘法中の秘法なのです。度重なる不幸は宿命だからと諦める必要はありません。

宿命滅消――なんと希望に満ちた教えでしょうか。

悪業の本質は生命の無明にある

すべての不幸の原因である宿命を消し去る一大秘法——宿命滅消。いったいどのようにしたらこの秘法をなしとげることができるのでしょうか。そのための日蓮大聖人のありがたいお言葉があります。大聖人は乱世に一大秘法を弘められるその人生において、龍の口はもちろん小松原や松葉ヶ谷の法難、佐渡や伊豆への流罪などのさまざまな大難に苛《さいな》まれました。そして、それらの原因は前世において正法《しょうぼう》（法華経）を謗法《ほうぼう》（不信）した自らの大悪業がもたらした宿命にあると仰《おお》せなのです。なんとあの大聖人でさえ、前世の悪業のもたらした過酷な宿命に苛まれ続けていたのです。

では、どうすれば不幸をもたらす宿命の魔手から逃れることができるのでしょうか？日蓮大聖人は「正法誹謗《しょうぼうひぼう》という大悪業の本質は、生命の無明《むみょう》である」と仰せです。無明とは無知のことを言い、自らの無知が正法誹謗という大悪業の本質だという意味です。

前世の大悪業が引き起こした宿命を滅消するには、悪業の本質である無明すなわち無知を今生のうちに打ち破らなければならないというのです。

お題目の法力が宿命の鎖を絶つ

無明《むみょう》を打ち破って宿命滅消を果たすには、いったいどのようにすればよいのでしょうか？

日蓮大聖人は法華経を信じて守り弘めることこそ無明を打破する実践法だと仰《おお》せです。宇宙の究極真理である正法《しょうぼう》（法華経）を末法《まっぽう》に弘めることは、宇宙の真の目的に適います。その結果、宇宙の目的に寄与した果としての功徳が、宇宙からあなたにもたらされるのです。宇宙の功徳は前世の悪業《あくごう》による因を帳消しにしてくれます。法華経を信じて守り弘めることこそ、今世のうちに宿命因果の鎖を断ち切ることができる宿命滅消の実践法なのです。

宿命滅消のためのもう一つの実践法がお題目の唱題です。日蓮大聖人は「衆罪《しゅざい》とは六根において業障《ごっしょう》降り下ることは霜露のごとし。しかりといえども慧日《えにち》をもってよく消除すといえり。慧日とは末法当今《まっぽうとうこん》・日蓮所弘《にちれんしょぐ》の南無妙法蓮華経なり」（生命の至るところに罪障が霜や露のように降り積もっているが、南無妙法蓮華経という日光によってたちまちのうちに消し去ることができる）と仰せです。

大聖人が仰せのとおり南無妙法蓮華経の太陽のような法力は、前世の悪業による宿命因果の鎖をたちどころに断ち切ることができます。いまの苦しみはあなたの生命を変革して、その元凶である宿命を今生で消し去る絶好の機会だったのです。

潜在意識のトラウマが不幸を起こす

では、こうした宿命滅消の教えを、科学的見地から見るとどうでしょうか。以下に検証してみることにしましょう。

ユングは心の奥底に潜む潜在意識には前世の記憶も含まれていると主張しています。ということは、前世で正法を誹謗した悪業の記憶も、潜在意識の奥底にトラウマ（心的外傷）として刻み込まれているということになります。

近年、量子力学において人間の想念は実現してしまうことが発表されており、成功哲学においても潜在意識が現実を作り出すことが明らかにされています。実は潜在意識に刻まれた前世の悪業のトラウマが発するネガティブな想念が、知らぬ間にあなたのネガティブな現実を引き起こしていたのです。

これこそ宿命が不幸を引き起こす科学的メカニズムです。

催眠状態で悪業の記憶を書き換える

では、潜在意識のトラウマを科学的に消し去って、不幸を引き起こすのをやめさせるにはどうすればよいでしょうか。

それには、潜在意識に刻まれたトラウマである悪業《あくごう》の記憶を書き換えてやることです。

悪業の記憶を書き換える——いったいどのようなことでしょうか？

最新の脳科学によると、人間の記憶は脳細胞に書き込まれた情報に過ぎません。そのため、やり方次第で書き換え可能なことが明らかになっているのです。

こうした潜在意識のトラウマを書き換えてやる心理学的方法の一つが催眠法です。

すでに述べましたが、変性意識の下では顕在意識が弱まって潜在意識が表に出てきます。こうした変性意識の一つが催眠術でおなじみの催眠状態で、暗示、ヨガ、瞑想などによって誘導することができます。

ユングが「潜在意識は過去へとつながっている」と述べるとおり、潜在意識の中では意識が時を超えて過去へ、前世へとさかのぼってゆきます。そして、やがて宿命の原因となった前世の悪業の記憶に到達することができるのです。

さらに、催眠状態においては、かけられた言葉に集中する受動的集中状態になって暗示にかかりやすくなるため、潜在意識に暗示を与えてやることで悪業の記憶を書き換えてやることが可能になります。

生存本能に反する暗示には反発

このように催眠状態において潜在意識に暗示をかけることで悪業の記憶を書き換えてやることができますが、実際には潜在意識の書き換えは容易ではありません。

心理学的には、階層上位の新しい脳（大脳新皮質）の指令によって潜在意識を説得することができるとされていますが、潜在意識はそんなに簡単には理性の指令に従ってくれないのです。

その理由は、人間生命の根幹をなす古い脳が潜在意識を背後から支配しているからです。古い脳の中心にある生存本能に反するような指令をいくら与えたところで、古い脳に深くかかわる潜在意識は納得してくれないのです。

たとえば「自らの命も顧みず炎の中に飛び込め」と指令を与えても、死を恐れる古い脳の生存本能に反する指令には潜在意識は頑として従ってくれません。

精神科のプロフェッショナルな治療によっても心の病が治らない人が多いことからも、潜在意識を説得する困難さは明らかでしょう。

宇宙と対立する個としての人間

では、どうすれば頑固な潜在意識を説得して悪業《あくごう》の記憶を書き換えてやることができるのでしょうか?

潜在意識は自分という「個」に執着しています。大宇宙という全体に対する自分としての個――この二つは一致するときもありますが、時には激しく対立する存在です。

たとえば広大な宇宙の営みの一環である地震や台風は、個としての人間にとっては悲惨な災害です。大震災の大津波で両親を奪われた子供の心の痛みは、いかに宇宙の偉大さを説いても慰めることはできません。大切な家族や恋人、友人や知人、ペット、故郷、懐かしい街や村、そして数々の思い出――それらはわたしたち個である人間にとっては全体としての宇宙よりもはるかに大切な存在で、自分がなくなったらそれらすべても消え失せてしまうと感じているのです。

古い脳を陰から操る生存本能は、自我や個に執着する潜在意識である七識(末那識《まなしき》)を背後から支配しています。その結果、潜在意識は「自分は全体という宇宙から孤立した個であり、死んだら消えてしまうから、何としても自らを守らなければならない」と思い込んでいるのです。

では、そんな生存本能に支配された潜在意識を個への執着から解き放ってやるにはどうしたらよいのでしょうか。それには、個に執着する潜在意識を説得して「自分も宇宙の一部であり、死んでもお終《しま》いではないのだ」と気づかせてやることで、宇宙と対立している個としての思い込みを捨てさせなければなりません。

人間も宇宙と同じ存在である

個に執着する潜在意識に「自分も宇宙の一部だ」と気づかせてやる鍵となるのが、潜在意識の最深部に眠る九識（阿摩羅識）です。

仏教では「一即一切《いちそくいっさい》、一切一即」（一部が全体であり、全体が一部）とされ、小さな個である人間も全体としての大宇宙と同じ存在であると説いています。

わたしたちの心はその奥底の九識を通じて大宇宙とつながっていて、両者は実は一体なのです。

わたしたちのなによりも大切な思い出も、そしてわたしたち自身も、死んだら量子テレポーテーションによって大宇宙へと送られ、宇宙の記録であるアカシックレコードに刻まれることで永遠に存在し続けます。

わたしたちは個（人間）であると同時に全体（宇宙）でもあります。この事実を潜在意識に教えてやることで、「自分は宇宙と一体の存在なのだ」と悟らせ、個への執着を捨てさせることができるのです。

潜在意識の中にも宇宙がある

人間は宇宙と一体である——たしかに理屈はそうでも、潜在意識を心から納得させるのは容易ではありません。潜在意識を心底納得させるには、潜在意識を操る古い脳を陰から動かす本能を説得しなければならないからです。

ではいったいどうすれば古い脳を説得することができるのか。

古い脳を説得するのは言葉だけではダメで、その中心にある本能や感性に訴えてやらなければなりません。それには、古い脳に棲まう潜在意識の奥底に眠る宇宙の力が必要であり、具体的には先に述べた催眠法によって潜在意識にアクセスし、潜在意識の奥底の宇宙を呼び覚ましてやることです。そのことで、自らの中に宇宙が存在することを潜在意識に本能的・感性的に教えてやれます。その結果、潜在意識が自分も宇宙と一体だということに気づくことができるのです。

妙法蓮華経という宇宙が心の中に

仏法においても、催眠法と同じ心理学的メカニズムが活かされています。

日蓮大聖人は「妙法蓮華経こそ本仏にてはおはし候へ。経にいわく如来秘密神通之力これなり」（本仏の正体は妙法蓮華経で、法華経の言う仏の奇跡の力がこれである）と仰《おお》せです。

ここでの本仏とはユングの説く宇宙の実相と同義で、その正体は妙法蓮華経だと大聖人は教えてくださったのです。

南無妙法蓮華経を唱題することで、潜在意識の奥底に存在する宇宙の実相である本仏が呼び覚ますことができます。その結果、感性的・本能的に「自らの中にも宇宙が存在する」と潜在意識に気づかせてやることができるのです。

このように南無妙法蓮華経の唱題によって潜在意識に「自らも宇宙の一部だ」と悟らせることで、個の意識を捨てさせることができます。その結果、本能による抵抗を捨てさせ、潜在意識の悪業《あくごう》のトラウマを書き換えることが可能となるのです。

前出のように「慧日《えにち》をもってよく消除すといえり。慧日とは末法当今《まっぽうとうこん》・日蓮所弘《にちれんしょぐ》の南無妙法蓮華経なり」と大聖人が仰せのとおり、太陽のような南無妙法蓮華経の唱題の前には過去の悪業の記憶は月のごとく光を弱め、光り輝く未来の夢に書き換えらるのです。

これこそ心理学的にも正しい悪業のトラウマ書き換えのメカニズムと言うことができるでしょう。

十界互具も宇宙科学そのもの

仏教において人格のレベルを表わす「境涯」は、十の世界（十界《じっかい》）に分けることができますが、それぞれの十界の中にもさらなる十界が存在しているという教えが「十界互具《じっかいごぐ》」です。入れ子は、マトリョーシカ人形のように人形の中に同じ形の小さな人形が入っていて、その人形の中にもさらに小さな人形が入り、さらにその中にも——というような繰り返し構造（フラクタル構造）のことをいいます。

実は宇宙もこの入れ子構造になっているのです。

たとえば人間は地球の中に、地球は太陽系の中に、太陽系は銀河の中に、銀河は銀河群の中に、銀河群は銀河団の中に、銀河団は超銀河団の中にというようにこの宇宙はどこまでも天文学的入れ子構造になっています。

一方、目をミクロの方向に転ずると、人間は無数の細胞からなっており、細胞も無数の原子からなり、原子は陽子や中性子などの重粒子から、重粒子はクォークなどの軽粒子からなっているというように、こちらの方向も入れ子構造になっています。

宇宙も人間もその中心に本仏が

宇宙はすべてがこうした入れ子構造になっていて、拡大あるいは縮小にともなってある基本定数の倍数ごとに同じ構造が繰り返し現れるといいます。

わたしたち人間も宇宙の入れ子の一つであり、宇宙と同じ構造を持っています。宇宙はその中心に実相を持ちますが、人間も同じようにその中心に実相（本仏）を持っています。あらゆる人間の中に、宇宙の実相である本仏すなわち仏界が具わっている――これこそ日蓮大聖人の最高の教えである十界互具であり、宇宙の入れ子構造は十界互具を科学的に裏づけているのです。

また心理学的にも、「すべての答えは心の内にある」というユングの言葉と十界互具の教えは完全な一致を見せています。このように科学的にも心理学的にも十界互具の正しさが証明されているのです。

唱題で意識が催眠状態に変わる

潜在意識のトラウマを書き換える催眠法のメカニズムについては先に述べましたが、このメカニズムを具体的に日蓮仏法信者に当てはめてみるとどうなるでしょうか。

催眠は脳波と深く関係しています。

人間の脳波は、普段の状態であるベータ波（14Hz～）からリラックスするにつれて周波数が下がってゆき、やがて平穏なアルファ波（8～14Hz）へと変わります。さらに8Hz以下に周波数が下がるとシータ波（4～8Hz）に変わって、変性意識である瞑想状態が訪れます。

日蓮仏法信者は毎日ご本尊に向かって南無妙法蓮華経を唱題しますが、実はこの唱題が知らぬ間に信者の意識を変性意識へと誘っているのです。

同じ言葉を単調なリズムで繰り返していると、緊張が徐々にほぐれて脳波の周波数がだんだんと下がってゆきます。そのため同じリズムで南無妙法蓮華経を唱えるにつれて、脳波の周波数が低下してゆきアルファ波へと変わり、ついには宇宙の周波数である7.8Hz付近まで下がると意識が変性意識に変わって、催眠状態へと達します。顕在意識が後退して潜在意識が浮かび上がり、潜在意識の奥底にある蔵識《ぞうしき》に眠る、今世の宿命の種となった前世の悪業《あくごう》の記憶に、アクセスすることができるのです。

宇宙の波動「南無妙法蓮華経」が悪業を滅消

唱題によって前世の悪業の記憶にアクセスすることができたら、次は悪業の記憶を正しいものへと書き換える作業に入ります。

日蓮仏法信者が唱える南無妙法蓮華経は、聖なる音、聖なる高低、聖なる波長を合わせ持つ聖なる波動です。まずは脳波と宇宙の周波数が、同周波数どうしで同調・増幅します。そして、そこに倍音である南無妙法蓮華経の周波数が共振することで、頭蓋内で共振・増幅します。そしてした波動の圧倒的なうねりが潜在意識へとなだれ込みます。

その結果、前世の悪業の記憶の悪しき周波数が聖なる波動に同調して正しい周波数に書き換えられることで、悪業が完全に滅消されるのです。

以上が、聖なる波動である南無妙法蓮華経の唱題による宿命滅消の催眠法的メカニズムです。

境涯を変えれば世界が変わる

宿命滅消と並ぶもう一つの日蓮仏法の中心教義が「境涯変革」です。

前述のように今世において宿命を滅消するには、正法誹謗《しょうぼうひぼう》という前世の悪業《あくごう》による因果を、法華経を信じて守り弘めることで得られる功徳によって消し去らなければなりません。

しかし、末法《まっぽう》の現代においては法華経を信じて守り弘めるのを邪魔する三障四魔《さんしょうしま》（煩悩・業報の三つの障りと、陰・煩悩・死・天子の四つの魔）が世に満ち溢れ、正法を信じ弘めるのは容易ではありません。そんな現代に法華経を信じて守り弘めるには、三障四魔に負けない卓越した人格が求められます。そうした卓越した人格を形成する一大秘法が境涯変革なのです。

人はそれぞれの人生においてさまざまな人間関係や環境、事件や体験などの影響を受けながらそれぞれの人格を形成してゆきます。しかし、誰もが卓越した人格を形成できるわけではなく、自己中心的になったり、欲望のみを追いかけたり、他人を追い落としたり、果ては世の中に害をなす人格を形成する人までいるほどです。

境涯変革で今世の成仏を

法華経には一念三千という教えがあります。

一つの生命（一念）は三千の世界（十の界×十の界×十の如是×三つの世間）からなっているという教えです。

このうち十界《じっかい》は下から順に、最低の境涯である苦しみの底の地獄界、欲望を追い求める餓鬼界、本能のままに生きる畜生界、争いの修羅界、安穏で人間らしい人界、満足感を得た天界、仏の教えで一部を悟った声聞界《しょうもんかい》、自らある程度を悟った縁覚界《えんがくかい》、仏の悟りに近づいた菩薩界、そして仏が現れた最高の境涯である仏界という十の境涯に分けられます。

前述したように十界の中にはさらなる十界が存在し、十界互具《じっかいごぐ》と呼ばれていますが、実はこの十界互具こそ日蓮大聖人が人類にもたらされた最大の希望なのです。

もしどの境涯の人の生命にも十の境涯が具わっているということであれば、どの境涯の人にも最高の境涯である仏界が具わっていることになります。たとえいまは地獄の境涯が現れていても、その命にはかならず仏界が具わっていて、努力によっていまの境涯を懸命に高めることでより高い境涯を現し、ついには最高の仏界に今世のうちに達することができるのです。

認知の歪みが境涯を低くする

そんな境涯を高めるための一大秘法が境涯変革です。

境涯変革とは、自らの心を変革することによって現在の境涯をより高い境涯に変えることをいいます。いまの境涯を変革して一つずつ上げてゆき、ついには今世のうちに最高の境涯である仏界に達することが可能となるのです。

では、科学的には、どのようにすれば境涯変革を果たすことができるのでしょうか。

心の科学と言えば心理学です。その心理学によって境涯を上げるには、まずは低い境涯に陥ってしまった原因から見つけなければなりません。

地獄界、餓鬼界、畜生界、修羅界などの低い境涯に陥る心理学的原因の一つが、ものごとを認識する際の「認知の歪み」（誤った認知パターン）です。

周囲の人々や環境の影響によって頭の中に認知の歪みが作られると、自動思考（状況に即応して頭に浮かぶ考え）に歪みを生じてしまい、物事を客観的に受け止められなくなります。その結果、極端に考えたり、過小評価したり、悲観的に考えたり、邪推したりするようになって、誤った決断や行動を選ぶようになってしまうのです。それが、低い境涯に陥る原因で、心が狭く邪悪になって、誤った決断や行動を選ぶようになってしまいます。

認知の歪みを書き換えて境涯を上げる

たとえばあなたが欲望ばかりを追い求める人々の中で育ったとすると、「動物のように欲望を満たすことが人生の目的だ」という認知の歪みが頭の中に作られて、欲望ばかりを追い求める畜生界に陥ってしまいます。一方、成長の過程で誰かに心を傷つけられたりすると、なにかにつけて他人は敵だと思ってしまうようになり、人との争いを好む修羅界に陥ってしまいます。このように頭の中に作られた認知の歪みが低い境涯を作り出す心理学的原因となっているのです。

それでは、頭の中に出来上がってしまった認知の歪みを治すにはどうすればよいでしょうか。認知の歪みを頭から取り除いて低い境涯から脱するには、認知の歪みを正しく書き変えてやる必要があります。

そのための心理学的方法の一つが「認知更改法」です。正しい認知によって物事を正しく判断できるようになることで優れた人格を作り上げ、低かった境涯を向上させることができる代表的な心理改善法です。

物事の捉え方によって感じ方が変わる

認知更改法の一つに「リフレーミング」があります。

同じ物事でも人によって捉え方が異なりますが、心にとっては物事の実体ではなく、それをどう捉えたかが重要となります。捉え方が変わると感じ方や反応まで変わるからです。

たとえばコップに水が半分入っているのを見て、「半分しか入っていない」と捉えるか「半分も入っている」と捉えるかで、その人の感じ方や反応が異なってきます。

こうした物事の捉え方を心理学ではフレーム（枠組み）と呼んでいます。リフレーミングはその人のそれまでのフレームを取りはずして別のフレームで物事を捉え直すことで、物事の持つ意味を変えさせる心理改善法です。リフレーミングによって物事の捉え方を変えると、それまで嫌だったものが好ましく思えたり、逆に好きだったものが嫌に思えたりして、認知の歪みを矯正することができるのです。

心理学的に境涯を変えるには、このリフレーミングによってそれまでの認知の歪みを矯正してやるのが効果的です。歪んでいた物事の捉え方をリフレーミングによって改めることでスケールの大きい人格を形成し、一つ上の境涯に達することができるのです。

日蓮仏法活動がリフレーミングにつながる

一方、日蓮仏法信者は信仰の中でどのようにして境涯を上げているのでしょうか。

日蓮仏法信者はさまざまな仏法の集まりに参加する中で大聖人の教えを学んだり、指導者のアドバイスを受けたりすることができます。

実はそうした日蓮仏法の日ごろの交わりや活動が、信者が自らを省み、変革する最高の助けになっているのです。さまざまな日蓮仏法の交わりや活動を通じて自らの認知の歪みに気づくことによって、歪んだ認知を正法にかなった正しい認知に書き換えることができているのです。まさに心理学でいうリフレーミングです。

日蓮仏法信者は、日ごろの交わりや活動を通じた無意識のリフレーミングによって自らの認知の歪みを正しく書き換えることで、正法に適う正しい認知力を持つ優れた人格を築き、境涯を次々と上げることができているのです。その結果、いずれは最高の境涯である仏界へと達することができるでしょう。

まさに法華経にもとづく仏法活動こそ、最新の心理改善法にかなった境涯変革であり、科学に裏づけされた境涯変革への王道と言うことができるでしょう。

第三の心理学も境涯変革を実証

日蓮仏法の境涯変革の教えは、フロイトやユングの心理学というよりは、第三の心理学と言われるアドラー心理学に近いものがあります。

アドラー心理学の創始者であるアルフレッド・アドラーは、フロイトやユングと並ぶ心理学の三大巨頭と呼ばれる心理学の巨匠です。しかし、著書が少ないことなどもあって、これまで注目はいま一つでした。ところが、近年になって、これまでの心理学と一線を画すその独自理論が関心を集め、著書がベストセラーになったり、企業研修やメンタルヘルス講習に引っ張りだこになるなど、21世紀の希望の心理学としてがぜん注目を集めています。

フロイトは人間の心をリビドーやエゴなどに分類、どんな心の問題に対しても原因論的に「性欲が原因だ」「トラウマが原因だ」などと一辺倒の分析をして批判をあびました。その結果、「性欲やトラウマが原因ではどうしようもない」と患者の心をネガティブにしてしまい、生きるモチベーションを低下させかねなかったのです。

そんなフロイトの原因論とまったく正反対の心理学を作り上げたのがアドラーです。アドラーはフロイトのリビドーやトラウマ原因説を否定し、人間を目的に向かって行動する存在だと規定しました。そして、過去の原因ではなく未来の目的を重視、個人の目的の源となっている願い、夢や希望、計画や人生観、能力などに目を向けるべきだと主張したのです。

こうしたアドラーの主張は、究極の楽観主義と言われる日蓮仏法の教えとうり二つです。

仏教の教えと酷似するアドラー心理学

アドラー心理学では、人間は劣等の位置から優越の位置を目指して行動する存在だと考えます。いや、むしろ劣等だからこそ、それを刺激に理想や希望を実現することができると劣等感を前向きに捉えるのです。そして、自らが変わるために頑張ることで、人生さえも変えることができると万人に希望を与えます。アドラー心理学は、過去にとらわれずこれからをどう生きるかが重要だとするポジティブな人間観にもとづいた心理学なのです。

低い立ち位置にいる人間が変わるための心理学であるアドラー心理学は、自らの低い境涯を克服して人間として生まれ変わる境涯変革の教えと考え方を一にしています。

また、アドラー心理学では、もしこの世から人間関係がなくなってしまえば悩みなど存在しない、人間の悩みのほとんどは人間どうしの関係の悩みだとされており、仏教の基本教義である関係性がすべてに先立つという縁起の教えとも合致しています。

グループ法で認知の歪みを書き換え

認知の歪みを書き換えるための心理学的方法の一つに「グループ法」があります。グループ法は団体内における人間関係を利用した認知更改法で、別名集団法とも呼ばれます。グループ法では、参加者がグループ内の人々と交わるなかで、互いの共感や受容を通じて自己への気づきや認知の歪みを正すことを目指します。

この方法の鍵となるのがホメオスタシス（恒常性維持）という心理作用です。ホメオスタシスは「いつもの状態を保つ」という意味の言葉で、肉体面では体の器官や機能を安定的に保つ働きを、心理面では心を安定させる働きをいいます。このうち心理面でのホメオスタシスの特徴は心を安定させるための「他人との同調」で、たとえば複数の人間が長い間一緒にいると、ものの考え方はもちろん呼吸や心拍のリズムまで同じになってしまうのです。

その場の支配者に心を同調させる

グループ法のもう一つの鍵がラポールという心理作用です。ラポールは強い衝動（恐怖、悲しみ、喜び、楽しさなど）をともなう緊迫の場面を複数の人が共有した場合に生まれる心理です。とくにその場を支配する人間に対して向けられやすく、その人に心を支配されてしまう傾向があります。

グループ法では、こうしたホメオスタシスやラポールの特性が改善に活かされます。具体的にはホメオスタシスによってグループの人々の心を同調させるとともに、ラポールによってその場を司るセラピストの心に同調させるのです。その結果、セラピストの正しい指示によって参加者の認知の歪みを改め、正しい認知パターンを植え付けることができます。

日蓮仏法の活動にもこのグループ法と同じメカニズムが活かされています。

日蓮仏法信者は各種の集まりや仏法活動の中で他の信者の話を聞いたり、意見や疑問をぶつけ合ったりすることで自己への気づきや認知の歪みを正すことができます。くわえて、ホメオスタシスやラポールによって指導者の考えに同調したり、優れたアドバイスに従うこともできます。

そして、こうした作業を重ねるうちに自らを省み変革し、正法にのっとった正しい認知を身につけることで、境涯変革を成し遂げることができるのです。

このように、法華経にもとづくさまざまな仏法活動は、いずれも正しい心理学的メカニズムにもとづいた境涯変革への王道だということがお分かりいただけたでしょうか。

第7章　大脳生理学から見た南無妙法蓮華経のメカニズム

南無妙法蓮華経を唱えると、やる気が出るのはなぜ？

「お題目を唱えたら、ぐんぐんとやる気が湧いてきた」という話をよく聞きます。お題目によって心の底からやる気が湧いてきて、奇跡を成し遂げることができたと、多くの日蓮仏法信者が目を輝かせて語っているのです。いったいなぜ南無妙法蓮華経を唱えるとやる気まんまんになるのでしょうか？

本項では最新の大脳生理学の視点から、お題目の唱題によってやる気が沸いてくる科学的メカニズムを検証することにしましょう。

脳には古い脳と新しい脳が

まずは脳科学の理解を助けるため、脳について簡単にご説明させてください。

脳は大きく分けて大脳、小脳、脳幹などからなり、高等生物に発達した新しい脳と、下等動物時代からある古い脳とに分けられます。大脳は脳のもっとも主要な部分で、新しい脳である大脳

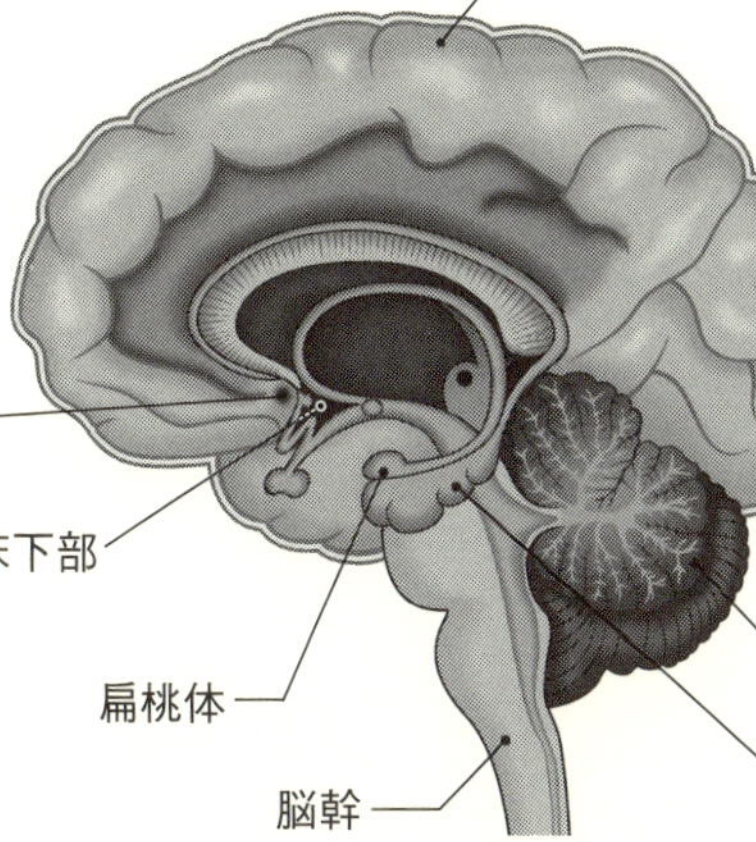

脳の構造

新皮質などや、古い脳である大脳辺縁系などからなっています。

新しい脳は大脳の多くを占めており、前頭連合野という部分がとくに発達し、思考、判断、創造、会話などの意識的・理性的行動といった高次の機能を担っています。

一方、大脳の古い部分は多くの部位（扁桃体や海馬、側坐核など）からなっており、鼓動や呼吸などの基本的生命活動や睡眠・食・性などの本能活動を担っています。たとえば扁桃体は喜怒哀楽などの感情を司ることで感情脳と呼ばれ、海馬は記憶を司ることで記憶脳とも呼ばれています。

また、これも古い脳である脳幹に属する間脳の視床下部は、体温調節などの基本機能を司る自律神経を支配するとともに、生存欲、睡眠欲、食欲、性欲などの欲望の源として生命脳（欲望脳）とも呼ばれています。そして、やる気脳と呼ばれる側坐核が、それらの脳と連携してやる気を生み出すのです。

やる気を生み出す脳のメカニズム

では、大脳生理学的の見地から見て、どのような脳内メカニズムがやる気を生み出しているのでしょうか？

大木幸介信州大学元教授によると、やる気の元は主に欲望で、欲望脳（視床下部）から発すると考えられ、それを感情脳（扁桃核）や、記憶脳（海馬）などが連携しながら進め、側坐核（やる気脳）が最終的にやる気を生み出すといいます。

動物はこうした脳内メカニズムによって感情や欲望、過去の記憶などを総括して行動を開始します。

さまざまな脳が助け合ってやる気を生み出す

しかし、人間は動物のように欲だけで生きるわけにはいきませんから、やる気を出すにはもう一つの別の脳がかかわらなければなりません。

それが人間らしさを司る理性の脳（大脳新皮質）です。理性の脳はあからさまな動物的欲望を人間らしく洗練させて、具体的な目的ややる気を生み出す高次元の脳です。

人間のやる気は、欲望脳や感情脳、記憶脳などが連携して作り出した欲望を元とする衝動を、高次元の理性の脳が洗練させて方向性を持った目的や行動となったときにはじめて湧き上がるのです。

次はこうした脳のメカニズムをサポートしてくれる「やる気物質」についてご説明することにしましょう。

脳がやる気ホルモンを分泌

人体は脳から体の各所に情報を伝える情報伝達物質という体内物質の助けによって、さまざまな活動を行っています。その代表がお馴染みのホルモンです。脳の働きもホルモンの助けを借りており、ホルモンがなければ脳はなにもできません。

脳にかかわるホルモンは脳内ホルモンと呼ばれ、ドーパミン、セロトニン、アドレナリン、ノルアドレナリン、メラトニン、アセチルコリン、エンドルフィン、エンケファリンなど、約20種類があります。

こうした脳内ホルモンのなかでも代表的なやる気ホルモンがドーパミンです。人間だけに多量に作られるドーパミンが分泌されると、快感や幸福感、創造力、記憶力、集中力、作業力、学習力、闘争心、覚醒などが高まって、やる気がアップ、仕事や勉強に長時間没頭しても疲れを感じなくなります。さらに、ドーパミンには行動すればするほど、好循環によって、やる気が強まる強化学習という働きもあって、やる気をさらに高めてくれます。

しかし、よいことばかりではありません。ドーパミンが分泌されると、病気や老化の元凶と言われる活性酸素を発生させてしまうのです。活性酸素が過剰に分泌されると体がおかしくなったり寿命が縮まったりしてしまいますが、やる気満々の天才が早死したり、病気になったりするのはドーパミンが生み出す過剰な活性酸素のせいではないかと言われているのです。

癒しホルモンのセロトニン

ドーパミンと並ぶ代表的やる気ホルモンがセロトニンです。

闘争ホルモンであるドーパミンが働きすぎると、頑張れるのはよいのですが、活性酸素が発生するなどして心身が疲れ果ててしまいます。長期的に頑張り続けるには、たまにはドーパミンの働きを弱めて心や体をリフレッシュさせてやらなければなりません。

セロトニンは欲望や興奮を強めるドーパミンの分泌を抑えることで精神を安定させ、緊張や不安、イライラ、興奮などに冷静に対処できるようになり、心に安らぎや落着きをもたらすことで癒しホルモンとも呼ばれています。さらに、人間にふさわしい働きを担う脳の前頭葉の血流を促進することで、脳が落ち着いた覚醒状態になり、思考や創造性、意欲、記憶などを高めてくれます。

また、体内時計を調整するセロトニンは睡眠や覚醒にもかかわっています。日の出とともにセロトニンの分泌が盛んになることで、「今日も一日頑張るぞ」というやる気を生み出してくれるのです。

究極のストレス解消物質βエンドルフィン

数あるやる気ホルモンのなかでも最強と言われるホルモンがβエンドルフィンです。βエンドルフィンは麻薬と結合するオピオイド受容体と結びついて麻薬同様に働くために、脳内麻薬とも呼ばれるスーパーホルモンです。

このホルモンが分泌されると、麻薬のような幸福感や恍惚感がもたらされ、抜群にやる気が湧いてきます。モルヒネの6・5倍もの鎮静作用を持つβエンドルフィンは、究極のストレス解消物質とも言われており、どんな苦しみにも耐えられる力を与えてくれます。

さらに、理性を司る前頭連合野が活性化して心が安定し、集中力や注意力などもアップ、潜在意識を意識的にコントロールして意識と潜在意識を自在に統合できるようになり、潜在意識の持つ原始のパワーを活性化することで天才的な力を発揮できるようになるのです。

また、βエンドルフィンには強力なドーパミン増強効果もあって、ドーパミンを出っぱなしにさせてその効果を10倍にしてくれます。まさにβエンドルフィンこそ最強のやる気ホルモンということができるでしょう。

走る苦しみを忘れて恍惚感を

βエンドルフィンは心だけでなく体にも働きかけることで、心と体を結ぶホルモンとも呼ばれています。細胞の修復力を向上させて若さを保ってくれるとともに、免疫細胞を活性化して免疫力を高め、感染症やガンなどを抑制してくれるのです。

ちなみに、マラソンにおいて、走る苦しみに耐えながらある段階を超えると苦しさを忘れて恍惚感を感じるランナーズハイにも、βエンドルフィンがかかわっていると言われ、恍惚ホルモンと呼ばれる所以《ゆえん》となっています。

また、人が死ぬ際にはβエンドルフィンが大量に分泌されて、死の苦しみから救ってくれるとも言われます。臨死体験をした人の多くが「天国のような安らかさや幸福感を感じた」と語るのはβエンドルフィンのおかげだと言われ、天国のホルモンとも呼ばれているのです。

そんなβエンドルフィンが分泌されることで、メンタル面でも身体面でもがぜんやる気が湧いてきます。楽天家が成功するのは、脳内でβエンドルフィンが多く分泌されているためだそうで、やる気が出てプラス思考になることでどんな逆境でも頑張ることができるのです。

まさにナンバーワンやる気ホルモンの面目躍如といったところですね。

聖なる神経はあの世に通じる

やる気を高めてくれるのは脳内ホルモンだけではありません。

ある種の神経も活性化することで、やる気を高めてくれます。

やる気を高める神経とは、いったいどのような神経なのでしょうか？

前頭連合野は人間だけに著しく発達した脳で、意志や思考、創造性などの人間を人間たらしめる精神の源です。そんな理性の脳につながる神経がA10神経です。人間だけに特別に発達した神経で、前頭連合野などの理性を司る新しい脳と本能を司る古い脳（大脳辺縁系や脳幹）をつなげて、原始の脳の叫びを理性の脳に届けて心身を統合する重要な役割を担っています。

A10神経は快楽神経あるいは恍惚神経とも呼ばれています。そんなA10神経を刺激することで、快感はもちろん幸福感や覚醒感、集中力や創造性などを高めて、やる気を倍増させることができるのです。

さらに、A10神経は聖なる神経とかあの世に通じる神経とも呼ばれています。悟りをもたらしたり、神に憑かれたような無限のパワーを生み出してくれる働きがあり、この神経が刺激されることでβエンドルフィンが分泌されて、やる気がますます高まるのです。

ちなみに、A10神経が刺激されると、ドーパミンが分泌されることも明らかになっています。

喜びが聖なる神経を刺激

それでは、この聖なる神経を刺激するには、どうすればよいでしょうか？

A10神経は快感や喜びを引き起こすような体験によって、刺激されることが分かっています。たとえば音楽を聴いて感動を覚えると、A10神経が刺激されるのです。

一方、嗅覚は五感の中でただ一つ理性を司る新しい脳（大脳新皮質）を経由せずに、原始の古い脳（海馬や扁桃体、視床下部など）に直接到達することができる知覚です。そのため、花などの香りによって効果的に古い脳につながるA10神経を刺激することができるでしょう。

また、人間の視覚はA10神経が走る原始の脳（視床下部）とつながっていて、一定のリズムで光の点滅を脳に与えることによって、簡単に意識を瞑想状態に誘導できることが分かっています。

一方、日蓮仏法においては、信者たちと信心の喜びを語り合うことで喜びを覚えたり、ともに歌を歌ったりすることで、A10神経を刺激することができるでしょう。また、点滅するろうそくの光を見ながらお線香の香りに包まれて、南無妙法蓮華経を唱えることでもA10神経を効果的に刺激できるでしょう。

達成感がドーパミンを分泌させる

一方、やる気ホルモンについては、どのようにして分泌を促すことができるでしょうか？

やる気ホルモンの代表であるドーパミンは、楽しい時や嬉しい時、好きなものを見たり、聞いたり、嗅いだり、知ったり、発見したり、夢中でなにかをやったり始めたり、目標を達成したり、他の人と感情を共有したなどといった刺激によって分泌されます。好きな曲を聴いて気持ちが高まるのは、脳内でドーパミンが大量に分泌されたためだということもカナダの研究で明らかになっているのです。日蓮仏法においては、ろうそくや線香を灯してお題目を唱題したり、信者たちの集まりに参加して交わったり、信心をがんばって誓願を達成したりすることで分泌されるでしょう。

一方、癒しホルモンのセロトニンを分泌させるには、リズム運動や声を出して言葉を読み上げる音読が効果的だと言われます。リズミカルにお題目を唱える唱題はまさに最適で、毎朝お題目を唱えると心が落ち着き、一日中やる気が出るのはそのためなのです。

瞑想によって脳内麻薬が分泌

脳内麻薬βエンドルフィンを分泌させるには、脳波をアルファ波に変えればよいことがこれまでの研究で明らかになっています。

脳波をアルファ波に変えるには、アロマなどのよい香りを嗅いだり、好きな人に愛を注いだりして心をリラックスさせるのが効果的です。日蓮仏法においては、お線香を焚《た》いてお題目を唱題したり、各種の集まりで信者たちと一体感を味わったりするのがよいでしょう。

アルファ波を出すもう一つの効果的方法が瞑想です。お坊さんが瞑想するときには脳波がアルファ波に変わって、βエンドルフィンが分泌されることが分かっています。意識を瞑想状態にする方法としては単純なリズム運動が最適で、日蓮仏法の場合は南無妙法蓮華経をリズミカルに唱題することで瞑想が深まり、脳波がアルファ波に変わってβエンドルフィンが分泌されるのでしょう。

いかがでしたでしょうか。これまでの検証によって、南無妙法蓮華経を唱えたり、日蓮仏法活動を積極的に行うことで、さまざまなやる気ホルモンややる気神経が活性化され、やる気がぐんぐん湧いてくることがお分かりいただけたでしょうか。これこそが南無妙法蓮華経の唱題が、やる気を生み出す脳内メカニズムなのです。

すべては脳の作った幻覚だった

最新の大脳生理学は驚くべき事実をわたしたちに突き付けてきます。

わたしたちはふだんやることなすことすべて、自分の意志で考えたり感じたり、決定したりしていると思っています。しかし、大脳生理学の最新の研究によるとそれは錯覚で、ものごとの決定はわたしたちの意志が働く前に、潜在意識によってなされているというのです。

実はわたしたちは、自分の意志で決めて、実行したという錯覚の記憶（エピソード記憶）を、脳から受け取っているだけだというのです。自分で決めていたと思っていたわたしたちの人生は、実際には脳から送られたエピソード記憶による幻想だったわけです。

人生は陰の自分である潜在意識が作った人生だった——なんということでしょう。なんだか怖くなってきましたね。

電子情報を脳に送り込んで現実を創り出す

最新の研究によれば、脳には潜在意識から送られた情報を、過去の記憶を使って現実のようにリアルに感じる仕組みが備わっており、五感からの情報に対しても電子情報に対しても、同じリアリティを感じることができるといいます。

人間は五感経由で感知した現実の情報を神経経由で脳に送り込んでいますが、近年ではコンピュータから脳に送り込んだ情報によって、脳内にリアルな現実を創り出す脳コンピュータインターフェースの研究も進んでいます。

心が生み出す非現実を仮想現実（ヴァーチャルリアリティ）と呼びますが、実はわたしたちの目の前の現実空間は電子情報によって生み出された仮想現実だった、という時代が近づいているのです。映画『マトリックス』で脳にコードをつながれた人間たちが、実際は寝ているだけなのにコードから脳に送り込まれた情報を現実だと思って眠っている衝撃的なシーンがありますが、実はあのシーンはわたしたちの未来の姿なのかもしれません。

わたしたちの現実はこのようにだまされやすい脳が作ったものです。ですから、そんな脳を作り変えることで現実を変える、すなわち、思いを変えることで現実を作り変えることができるのです。これは人間の想念が現実を作っているとする量子力学の観測者効果理論とも合致した真実です。

この世は心の現れに過ぎない

脳科学の進歩によって、人が現実の事象を感じるメカニズムの実体が近年明らかになってきました。

人がモノを見るメカニズムとしては、まずモノから放たれた光が目の水晶体を通って網膜に達し、そこで逆さまに結ばれた映像がデジタル信号に変えられます。そして、その信号が脳に送られ、映像に変換されて脳内のスクリーンに映し出されるのです。

実はわたしたちが現実だと思って見ているのは、現実そのものではなく、デジタル信号から作られた映像を脳内スクリーンに投影したものに過ぎません。わたしたちは現実ではなくデジタル映像という幻影を見ていたのです。

視覚以外の感覚も、各感覚器官から脳内に送られたデジタル信号から変換されたデジタル感覚に過ぎません。五感は現実そのものではなく、脳がデジタル信号から作り上げた感覚すなわち仮想現実なのです。

最新科学と仏教の教えが合致

ではこうした最新脳科学の成果を仏教の視点から見るとどうでしょうか?

仏教では現実は「諸法空相《しょほうくうそう》」（あらゆる事物は幻である）で、「諸有為法《しょういほう》、謂色等五蘊《ごうん》」（諸々の事象は五蘊である）、「五蘊皆空《かいくう》」（五蘊すべてが空）と教えています。

ここでいう五蘊とは現実を認識する五つの方法（色・受・想・行・識）のことで、五蘊皆空は「人間が見たり聞いたりしたと思っているのはすべて空（幻）である」という意味です。

さらに華厳経でも、現実は「唯心《ゆいしん》の所現《しょげん》」とされており、この世は心が作った仮想現実だと教えています。さらに、「色即是空、一切皆空」という教えでも、すべての現実はそれを認識する心が作り出した仮想現実であると説かれています。

現実は心が作り出した幻であるというこれらの仏教の教えと、現実は脳内の物理的・化学的反応が作り出した仮想現実に過ぎないという最新大脳生理学の理論は驚くほど似通っています。

仏教でもっとも深い無意識とされる九識（阿摩羅識《あまらしき》）は、仏によってのみ覚知され、仏界に到達することでのみ悟ることができる最高の境地です。

「この世は心の現れに過ぎない」という驚愕の真理をお釈迦さまが悟られた理由は、厳しい修行の末に潜在意識の最深部の阿摩羅識に到達されていたためだと考えられます。ユングも潜在意識の奥底は宇宙に通じていると述べていますが、阿摩羅識には宇宙の究極の真実（実相）が存在しており、お釈迦さまはそこまで到達できたからこそ宇宙の真理を悟ることができたのでしょう。

ハーバードが瞑想効果を科学的に実証

お釈迦さまが究極の悟りを得ることができた具体的手段が、瞑想による気づきでした。

瞑想がもたらすさまざまな効果については、これまで科学にもとづいた検証が不十分でしたが、ここに来て科学的データをもとにした数々の脳科学の実証研究によって、瞑想が人間の脳を科学的に変化させていることが明らかになってきました。かつては瞑想の効果は思い込み（プラシーボ効果）によるものだなどと揶揄されてきましたが、プラシーボ効果の影響を意図的に取り除いた近年の科学的研究が、そうした中傷を沈黙させつつあります。

また、これまでの研究手法は被験者への質問や、血圧・脳波測定などによるものがほとんどでしたが、近年では遺伝子解析や神経画像などの最新技術が使われ始めており、瞑想が生み出す生理学的変化を科学的に測定できるようになったことで、その成果が注目を浴びています。

脳や遺伝子に瞑想が及ぼす影響についての研究を長年行ってきたハーバード大学の研究チームが米医学誌に発表した研究では、ヨガや瞑想などの訓練を行った被験者においては、エネルギー代謝にかかわる遺伝子の発現が促進されるとともに、ストレスや炎症反応にかかわる遺伝子の発現が減少していたことが明らかになりました。ヨガや瞑想が脳ばかりか体にも、生物学的影響を及ぼしていることが科学的に明らかにされたのです。

さらに他大学の研究でも、瞑想によって感情をポジティブにしたり、ストレスに強くしたり、記憶力を向上させたり、免疫力を強化するなどの効果が明らかになっています。

ＩＴ企業のセレブたちも瞑想を実践

瞑想状態に達すると、心身をコントロールする自律神経に働きかけることができます。

具体的には、自律神経のうちの緊張や不安をもたらす交感神経の働きを和らげるとともに、心身をリラックスさせる副交感神経の働きを促進します、その結果、心身が元気になってインスピレーションが強まることで悟りがもたらされるのです。お釈迦さまがさまざまな最新科学の理論を2000年以上も昔に悟っていらしたのも、こうした瞑想による副交感神経の活性化がもたらすインスピレーションによるものだと考えられます。

近年アメリカでは瞑想を実践する人々が急増中で、全米では1800万人もの人が日常的に実行していると言われます。とくに目立つのはＩＴ企業で、アップル創始者の故スティーブ・ジョブズ氏をはじめとするエグゼクティブはもちろん、グーグルなどのトップ企業も一般社員の研修に取り入るなど、企業を挙げた導入が加速しています。

さらに、エンターテイメント業界やウォール街などにも瞑想は広がりを見せており、ハリウッドスターや映画監督、ＴＶ司会者、ヘッジファンド幹部など、多くのセレブたちが瞑想を生活の一部にしているのです。

第8章　ＡＩもＩＴも仏教の教えそのまま

人工知能の父は仏教の教えに学んでいた

将棋の電王戦で佐藤天彦《あまひこ》名人がＡＩ（人工知能）のボナンザに敗れるなど、近年の技術の進歩によるＡＩの能力向上は驚くばかりです。人間を超えた知能を持つＡＩの出現によるシンギュラリティ（大転換点）到達も遠くはないと言われており、最近ではＡＩを搭載した中国製僧侶ロボットまで登場、仏教応援団としては恐ろしささえ感じる今日この頃ですが、近い将来超人ＡＩの前に仏教も論破され、滅びてしまうのでしょうか？

いいえ、違います。実はＡＩは仏教の教えに基づいて作られていたのです。

人工知能の父と言われるマサチューセッツ工科大学（ＭＩＴ）のマービン・ミンスキー教授はＡＩの開発に仏教の知恵が欠かせなかったことについて、次のようにコメントしています。

「人工知能をやろうとすれば、当然ながら人間の知能、心の仕組み、働き方が標的になり、とくに心の研究には仏典が比類なきテキストになる」「仏陀は優れた心理学者だ」（田原総一朗『生命戦争』）

仏教を学ぶとロボットが分かる

さらに、ロボットコンテスト（ロボコン）の提唱者で、ロボコン博士の異名をとる森政弘東京工業大学名誉教授も、物理学の限界について「物理学は物質世界における万象の説明には大成功を収めてはきたが、意識の説明に対してだけは手も足も出ない」とする一方、「仏教を学ぶと人間が分かり、人間が分かるとロボットが分かる。だからロボットを研究するには、仏教を学ばなければいけない」と仏教が心を深く糾明していると述べています。

いったいミンスキーたちは、仏教からなにを学んだというのでしょうか。

ＡＩの開発に際してミンスキーたちは、人間の脳のメカニズムを徹底的に調べたといいます。そこで教授たちが最初に突き当たったのが意識という問題です。「われ思う、ゆえにわれあり」とデカルトはつづっていますが、わたしたちがなにかを考えるとき、まずは意識が前提になります。

いったいわたしたちの意識とはなんなのかと、ミンスキーたちは考えたのです。

ＡＩのメカニズムの基本は仏教だった

ミンスキーをはじめとするＡＩの開発者たちは、当初、意識が人間の知能の中核をなしており、あらゆる知的活動を司っていると考えました。ところが、脳のメカニズムの研究を重ねるにつれて思わぬことが明らかになってきたのです。

近年の脳科学の発達の中で、一部の研究者たちの間で浮上してきたのが「受動意識仮説」という仮説です。この仮説では、認識や判断などといった人間の知的活動は、実は意識が司っているのではなく、脳が勝手に作った情報を意識が受動的に認識しているにすぎないとされています。

わたしたちはやることなすことすべてを自らの意識で考えたり、決定したりしていると思っています。ところが、実はものごとの決定はわたしたちの意識が働く前にすでに潜在意識によってなされていて、脳は顕在意識から行為を指示される前に、潜在意識から指示を受けていたというのです。

そして、代わりにわたしたちは自分の意志でやっているという、錯覚を抱くような騙し情報を、脳から受け取っているだけだといいます。実は、顕在意識は行為を最後の段階で確認しているだけなのだと、受動意識仮説の提唱者たちは主張しているのです。

ＡＩの設計には意識は必要ないんだ

仏教には「諸法空相《しょほうくうそう》」という教えがあります。人間が見たり聞いたり行動したりしたと思っているのは、すべて空、すなわち仮想現実だという教えです。

意識が認知している現実は実は脳が作り出した幻想にすぎないということの教えは、人間の脳の働きが、意識とはまったく無関係に行われているという受動意識仮説と同じ主張です。仏教でも脳科学でも、人間の知的活動は意識の関与なしに脳が勝手に行っていることが明らかにされているのです。

「ということは、ＡＩの設計には意識は必要ない——そうなればことは簡単だ。ＡＩの設計は脳の物理的メカニズムをそのまま真似すればいいんだ」ＡＩの開発者たちはそう悟ったのです。

その結果、ＡＩのアルゴリズム（問題を解決するための方法や手順）は意識なしに機械的に働くようになっています。人間の意識は最後に結果を確認するだけでよいのだと、開発者たちは考えたのです（最近では意識や感性を取り入れたＡＩも登場し始めています）。

ＡＩの回路は脳の構造を真似た

いま注目の最新ＡＩのアルゴリズムが、「ニューラルネットワーク」という回路に基づいた機械学習（機械が自分自身で学習するシステム）の一種である「ディープラーニング」（深層学習）です。ディープラーニングについて説明する前に、まずはニューラルネットワークについてご説明しましょう。

ニューラルネットワークは脳の神経回路を真似して作られたＡＩの回路（ネットワーク）で、この回路の誕生によってＡＩは飛躍的な進歩を遂げました。

いったい、ニューラルネットワークが真似した脳の神経回路とはどのようなものでしょう。人間の脳の中にはニューロンと呼ばれる神経細胞が大脳だけで数百億、脳全体では千数百億個もあって、それぞれのニューロンがシナプスという接合部で互いに繋がることで巨大なネットワークを作り上げています。このネットワークの働きによって脳は高度な知的働きを成し遂げているのです。

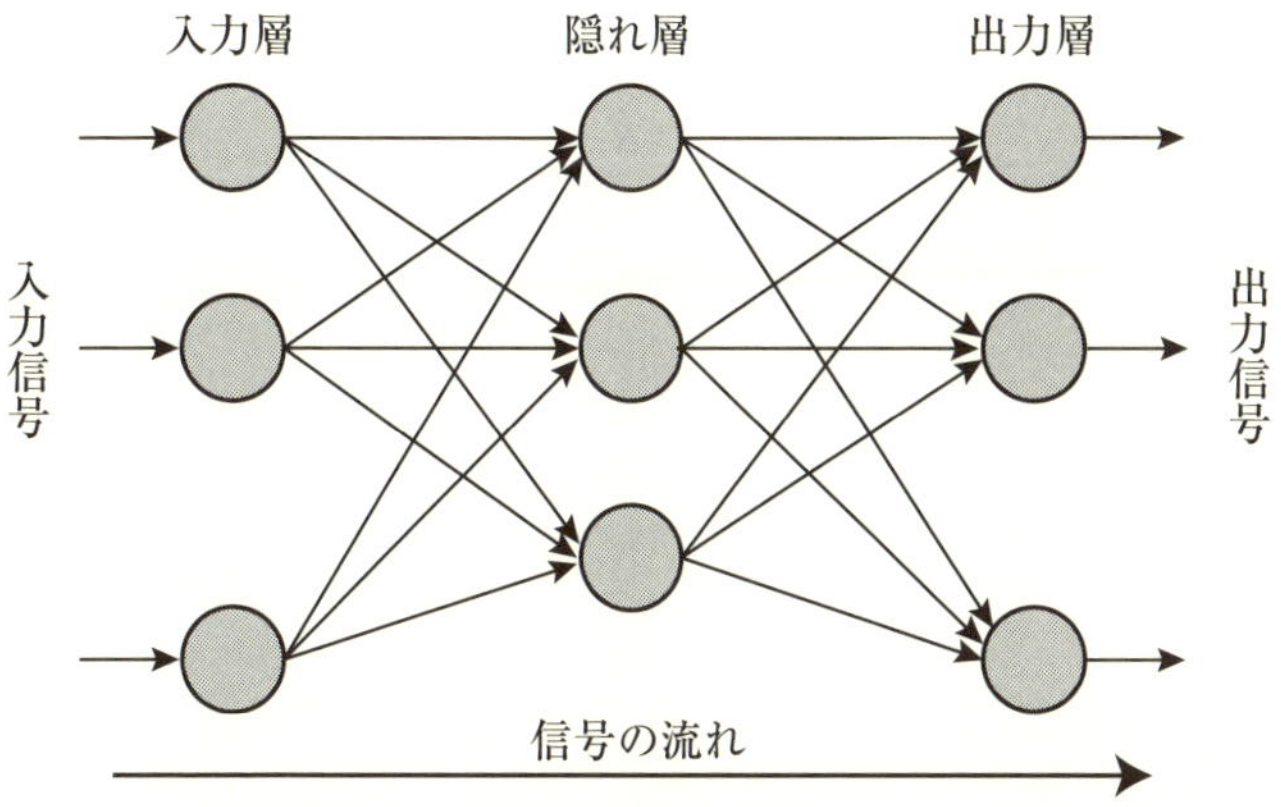

ニューラルネットワーク

隠れユニットが入力情報の特徴を抽出

脳では、隣のニューロンからシナプス経由で情報を受け取ったニューロンが、情報の刺激が一定の値（閾値）を超えるとそれが重要だと判断（重みづけ）し、電位（活動電位）を高めて、シナプスから隣のニューロンのシナプスへと情報を伝達します。

こうした作業の連続によって脳の神経回路は高度な知的働きを行っています。

ニューラルネットワークはこれを真似したもので、人工のニューロンが入力情報を分析して重みづけを行い、重みが閾値を超えると隣の人工ニューロンへと情報を伝達します。

一方、ニューラルネットワーク全体のアルゴリズムとしては、入力層、隠れ層（中間層）、出力層の三層からなるのが一般的です。各層には人工ニューロンの複雑なネットワークが張り巡らされ、さまざまな作業の中でそれぞれの回路が情報を分析し、重みづけを行うことで、高度なタスク（作業）を可能とします。

三層のうちでもとくに重要な隠れ層は隠れユニットとも呼ばれ，処理層を何層も重ねる深層構造によって、入力情報からさまざまな特徴（種類、性質、形、色、模様など）を抽出、正解を導き出します。

ニューラルネットワークは仏教の教え

では、このニューラルネットワークを、仏教の見地から見るとどうなのでしょうか。

ニューラルネットワークを使ったＡＩのアルゴリズムは、入力層に入力された情報を受け取った隠れ層の人工ニューロンが、分析や重みづけをすることで最適な解決法を抽出、答えを出力層から出力するというものです。

こうしたアルゴリズムを、処理の順番（シーケンス）に沿って並べてみますと、

情報の入力↓　人工ニューロンからなるネットワークによる処理↓　ネットワークによる入

力情報処理の結果 ↓ 情報の出力

となります。

実は、この処理の順番は仏教の教えにもとづいて作られているのです。

十如是の教えどおりに作られていた

法華経の「十如是《じゅうにょぜ》」の教えでは、十界《じっかい》がどのように現れ、活動し、変化するかが示されています。

十如是のうちの如是因、如是縁、如是果、如是報は「因縁果報」とも呼ばれ、因は変化の原因、縁は原因を結果へと導く関係性の網、果は因と縁から導き出された結果、報は結果が形として現れたものを意味します。

これをニューラルネットワークに当てはめてみましょう。

ニューラルネットワークにおける因は、変化の原因となる入力情報と考えることができます。また、縁は入力情報を結果（答）へと導く関係性の網であるニューラルネットワーク、果は入力情報（因）と、ニューラルネットワーク（縁）から導き出された結果としての答、報は結果が形として現れた答の出力と考えられます。

なんとニューラルネットワークの処理順は、因縁果報そのものだったのです。

「南無妙法蓮華経と唱え奉る者は六根清浄《ろっこんしょうじょう》なり」（南無妙法蓮華経と唱える者は六根〈眼、耳、鼻、舌、身、意〉が清らかでけがれがなくなる）と大聖人が仰《おお》せのとおり、ニューラルネットワーク（縁）上の人工ニューロン（南無妙法蓮華経）は六根からの入力情報を正しく処理（清浄）します。さらに「悪を滅するを功と云い、善を生ずるを徳というなり」と仰せのように、誤り（悪）を修正（滅）し、重みづけ（善）を加えることで功徳（答）を得、「功徳は即成仏なり」と仰せのとおり、功徳によって答の出力（成仏）に導くという一生成仏《いっしょうじょうぶつ》の教えそのままの処理順なのです。

ＡＩが自分自身で学ぶ機械学習

次にご説明するのはディープラーニングの基いとなる「機械学習」です。

普通のコンピュータは人間が作ったプログラムに従って働きます。情報を入力すると定められた作業をするようなプログラムを人間が作ってやることで、それに従って答えを導き出すのです。

一方、機械学習では人間はプログラムを作りません。代わりに機械が自分で学習して、正しい答えを導き出すためのモデルを作るのです。人間がやるのは、入力情報と、それに対する出力情報（答）の組み合わせのサンプルを、機械に大量に提供してやることだけです。すると、機械が大量の入力情報と出力情報の組み合わせから、一つ一つ学びながら自分で知識を獲得してゆきます。こうすることでプログラムがなくても機械が自分で学習して、入力情報に対する出力情報（答）のうち、もっとも正解の確率の高いものを探し出すことができるモデルを作ってゆくのです。

何層もの処理を繰り返して高度なタスクを

ディープラーニングはそんな機械学習の一つですが、そのアルゴリズムは先に述べたニューラルネットワークを多層化したものです。

機械学習では、入力情報に応じて計算を行うことで出力情報を導き出します。ところが、たとえば犬の顔のデータを入力した場合、明暗などの単純な判断は1回の処理でできますが、それだけでは犬の顔かどうかは分かりません。1回の処理だけでは、犬の顔のような複雑な課題に対する正解を導き出すことはできないのです。

そのため、1回目の処理で導き出された答えにさらなる処理を加えます。すると今度は形を判断できるようになって顔だと分かるようになりますが、まだまだ犬の顔かどうかは分かりません。そこで、こうした処理をさらに何層も重ねることで、入力情報からさまざまな特徴を抽出させせま

す。その結果、高度な分析ができるようになって、最終的に犬の顔を認識することができるようになるのです

このように何層もの処理を繰り返すことによって最終的に高度なタスクを達成する。それがディープラーニングのアルゴリズムです。

仏教の心理分析に学んだＡＩの設計

さきほどミンスキーが仏教から心の仕組みを学んだと述べましたが、ＡＩの設計には仏教から学んださまざまな心の仕組みが取り入れられています。

ミンスキーは心はエージェント（下請け屋）の集合体だと述べています。

ＡＩ用語の「エージェント」とはユーザーがやってほしい仕事、たとえばデータを送受信したり、ユーザーが欲しい情報を収集したり、望む作業を行ったりなどといった業務を自律的にやってくれるソフトやシステムのことです。

ＡＩでは、さまざまな業務に特化したエージェントたちが個ごとに処理を行い、その結果を最後に統合・調整することで全体のタスク（課題）を達成します。

ディープラーニングにおいても、一つのタスクに対して各階層ごとにさまざまなエージェントが細かい処理を行います。各層で処理された情報はさらに深い層へと送られ、それぞれのエージェントが処理を繰り返すことで、複雑きわまりないタスクを達成、結果、これまでＡＩでは不可能とされていた囲碁の三番勝負で、人工知能 AlphaGo が世界最強の棋士《きし》、柯潔《かけつ》を破るなど、いまやその知力は人知をも凌《しの》ごうとしているのです。

ＡＩは九識に心の階層を学んだ

では、ＡＩのディープラーニングはどのような仏教の教えを取り入れているのでしょうか。ミンスキーが学んだ仏教の教えの一つが心の階層です。

仏教では、ものごとを認知する九つの働きを九識と呼んでいます。

九識のうちの五識はいわゆる五感のことで、眼、耳、鼻、舌、身などの感覚器官（センサー）が外部の情報を神経を通じてそれぞれの脳の特定部分に送り、それらに特化した識（エージェント）が処理を行って認識します。ここまでがＡＩでいう入力層で、処理を終えた情報は次の末那識《まなしき》や阿頼耶識《あらやしき》などの無意識層（ＡＩの隠れ層）へと送られ、蔵識《ぞうしき》（ＡＩのビッグデータ）などのデータと照合して処理が行われ、体の各器官（出力層）に送られるのです。

これがディープラーニングに応用された仏教の心の階層の教えです。

ちなみに、究極の無意識である九識（阿摩羅識《あまらしき》）は、すべての意識の源で、法華経ではその正体は南無妙法蓮華経だとされ、超人ＡＩに相当しますが、現在のＡＩは人間に近いＡＧＩ（汎用人工知能）の実用化に腐心している段階で、まだそこまでは到達できていません。

インターネットも仏教の教えそのまま

いまやわたしたちの生活に欠かせないインフラとなっているインターネットですが、実はインターネットもＡＩ同様に仏教の教えに従って作られています。

お釈迦さまの主要な教えの一つが先にも述べた「縁起」です。

縁起は「因縁生起《いんねんしょうき》」の略で、このうち因は原因、縁は関係性、生、起は因と縁から万物が生まれることをいい、全体の意味としては「すべての存在は因と縁から生まれる」ということです。

一方、インターネットは世界中に張り巡らされた回線の網（ネット）からなっています。インターネットは世界を結ぶ縁（関係性：インター）の網（ネットワーク）であり、因縁生起の教えのとおり無数の因（発信・受信）と、複雑に張り巡らされた縁の網（ネットワーク）の中ですべての情報が生まれるメカニズムは、まさに因縁生起そのものです。

いまや人類の過半がこの関係性の網（ネット）につながっており、個人の発信した情報が瞬時に全世界に影響を与え、全世界の情報が瞬時に各個人に影響を与えます。「個が全体、全体が個」というわけで、仏教の「一即一切《いちそくいっさい》、一切一即」（個が全体、全体が個）の教えそのものなのです。

インターネットは「諸法無我」だった

インターネットでは、物体でなく信号が世界中を飛び回ります。

FAXを送っても紙は回線伝いに移動しません。FAXにしてもインターネットにしても、送られるのは実体のない信号だけで何の物体も移動しないのです。

インターネットにおける信号の伝達は、量子力学でいう場に発生する状態の変化にすぎず、回線の状態の変化が、隣の回線に猛スピードで伝わってゆくだけで、なんの物体も移動しないのです。

前述した仏教の「諸法無我」の教えでも、この世のさまざまな法（事物）は実体がなく、起こるのは状態の変化だけであり、その変化が別の場所へと相続されてゆくだけだとされています。

インターネットにおいてもまた、信号を伝える回線の状態の変化が隣の回線に相続されることを繰り返すことで、全世界に情報が瞬時に送られるのです。インターネットも仏教の教えも、まったく同じ世界観で作られていたのです。

第9章　量子力学が証明した前世と死後の世界の存在

極小の宇宙が無から突然生まれた

わたしたちはいつも当然のようにこの世界で生きています。よほどのことでもないかぎり、この世界がどうしてできたのかなどと考えることはありません。

しかし、もし人生を真剣に語ろうとすれば、目の前の世界の本当の姿がなんなのかも分からずに済むわけがありません。もちろん仏法を語る際にも、この宇宙がどのようにして創られたかの科学的裏づけも知らずに語れるわけがないのです。

いったいこの宇宙はどのようにして作られたのでしょうか。

宇宙の誕生についての最新宇宙物理学の見解はこうです。

最初、宇宙は物質やエネルギーはもちろん、時間や空間さえ存在しない無の世界でした。一つだけ違ったのは、そこでは超ミクロの世界がゆらゆらとゆらいでいたということです。いわゆる量子力学でいう無のゆらぎで、なにもない世界に無と有の可能性が量子力学的重ね合わせの状態にあって、陽炎《かげろう》のようにゆらゆらと揺れていたのです。

そんな中、いまから140億年ほど前に突然、この無のゆらぎから超微小（プランク長）の空間が、泡のようにプクリと出現しました。そして、流れ始めた時間の中で、超微小の空間がすさまじい勢いで膨張を始め、長い時を経ていまの宇宙へと成長したのです。

宇宙はトンネルを通って出現した

トンネル効果という言葉をご存じでしょうか?

米タフツ大学の物理学教授アレキサンダー・ビレンキンは「この宇宙はトンネル効果によって生まれた」と主張しています。

超微小の宇宙が誕生するには、無の世界のゆらぎが、この世界との間のエネルギーの壁を超えて出現する必要があります。しかし、無の世界のゆらぎはそれだけのエネルギーを持ちません。しかし、それにもかかわらずゆらぎが量子力学的にエネルギーの壁を越えてしまうことがあり、その現象をトンネル効果と呼んでいるのです。

すべての物質の基本単位である素量子も真空から出現します。真空から陽電子と陰電子が対になって飛び出してきたり、逆に真空に消えたりしているのです。ビレンキンの主張のように、素粒子と同様に、宇宙は無の世界からトンネルを通ってこの世界に現れたのです。

仏教にトンネル効果が述べられている

トンネル効果は最新の量子力学における現象ですが、面白いことに仏教でもトンネル効果について同じことが述べられています。

仏教の教えである「色即是空、空即是色」は「色（物質）は空（空間）であり、空は色である」という意味で、物質は空間から現れて、空間に消えると解釈することができます。

前述したように量子力学では素粒子（粒子と反粒子）が真空から出現したり、逆に消え去って真空に戻ったりしています。まさに色即是空、空即是色そのままの現象です。

さらに、色即是空の色には生命という意味もあり、仏教では生命もその正体は空だとされています。空の中では生と死が量子力学的重ね合わせの状態にあって、ある時は生として現れ、ある時は死として現れるとされているのです。

大聖人もトンネル効果をご存じだった

仏教では「不生不滅《ふしょうふめつ》」（生でも死でもない）、「成住壊空《じょうじゅうえくう》」（生、活、死、空）ともされており、生命は生と死を永遠に繰り返していると教えています。

日蓮大聖人もこれについては「生死《しょうじ》を見て厭離《えんり》するを迷《まよい》といい、始覚《しかく》というなり、さて本有《ほんぬ》の生死と知見《ちけん》するを悟《さとり》といい、本覚《ほんがく》というなり、いま日蓮等の類、南無妙法蓮華経と唱え奉るとき、本有《ほんぬ》の生死本有の退出と開覚《かいがく》するなり」（生死を見て厭い離れるのを迷いといい、初期的把え方である。かたや、本有の生死と認識するのを悟りといい、本性の悟りという。いま日蓮と弟子らが南無妙法蓮華経と唱えるとき、本有の生死、本有の退出と悟るのである）と仰《おお》せで、生死とは本有の出入りであると教えてくださいました。

ここでいう本有とは、生命の四つの段階、生有《しょうう》、本有《ほんぬ》、死有《しう》、中有《ちゅうう》のうちの本有（生命活動）のことをさします。生命はある時は生有となって生まれて、本有となり、ある時は死有となって死に、中有（生と死の重ね合わせ）に戻るのです。大聖人が「生と死の二つの理は、生死の夢の理なり、妄想なり」と仰せのように、生死は生命の退出に過ぎず、死んでも再び生となる可能性を持つ空（中有）に戻るだけなのです。

このように仏教の教えは「素粒子はトンネル効果によって空の世界から出入りしている」という量子力学の理論と酷似しています。量子力学と仏教の世界観の一致については第3章で詳しく述べましたが、まことに驚くべき一致ぶりではないでしょうか。

前世があることを科学的に証明できるか？

日蓮仏法の一大秘法である宿命滅消は、三世の因果による宿命は消し去ることができるという教えです。三世は前世、現世、来世をさし、宿命滅消の理論的基盤である「三世の因果説」は前世や来世の存在を前提としています。

この三世が存在するかどうかの問題は人類の最重要問題の一つです。これまで多くの思想家がこの問に対する解答を試みてきましたが、残念ながらいまだに誰もが認める明確な解答は得られていません。その最大の理由は、前世や来世の存在を証明することが科学的にはできないためです。人類史上前世や来世に行って戻ってきた人は誰一人いないからです。

こうしたことからほとんどの科学者は、「人間は死んだら土に帰するだけで、前世や来世の存在を科学的に立証するのは不可能だ」と笑い飛ばします。しかし、それでは日蓮仏法の最重要教義である宿命滅消の大前提としての前世や来世は、科学的にはありえないことになってしまいます。

いや、困りました。本当に科学的にみて、前世や来世は存在しないのでしょうか。

死後の世界の存在を量子力学的に説明できる

少し前ですが死後の世界に関して、驚くべきニュースが飛び込んできました。

米ウェイク・フォレスト医大の再生医療の権威で物理学者でもあるロバート・ランザ教授が「量子力学的見地から見て、死後の世界は存在しうる」と主張、死後の世界（来世）の存在を科学的に肯定する論文を発表して大きな注目を集めたのです。

なんと最先端の科学者が来世の可能性を認めたのです。

「死後の世界が存在しうる」というランザの主張の理論的根拠となっているのが、最新の量子力学です。

量子力学の主要理論の一つである観測者効果では、普段は見えない波として空間に広がっている素粒子が、人間が観測した途端に粒子（物質、事象）として現実世界に姿を現すとされています。

ということは、この世界の物質や事象は人間の意識が働くことによって現れたものであり、ひいてはこの世界を作っているのは人間の意識だということになります。

ランザはわたしたちの目の前の世界はわたしたちの意識が創り上げたものであり、空を見て青いと思うのは、空の色は青だと幼い頃に教えられたためだというのです。

人間の存在が宇宙を創っていた

この現実世界は人間の意識が創り出したものだという量子力学の観測者効果は、生命がすべての中心であるという「生命中心主義」の考え方につながります。

生命中心主義とは、宇宙が存在するのは生命が存在するからで、ひいては生命が宇宙を作ったという考え方です。生命中心主義については多くの科学者が同感の意を示していて、あのアインシュタインも「神が宇宙を創ったとき、ほかに選択肢はなかった」と、神が宇宙を創造した目的は生命誕生のためにあったと語っているほどです。

天文学的に見てこの宇宙に知的生命が誕生するためには、宇宙の物理定数（素粒子の重さ、光速、万有引力定数、電子の電荷量、電気素量、宇宙膨張速度等々）のすべてがきわめて詳細に設定されていなければなりません。このうちの一つが1兆分の1ずれただけでもアウトで、確率的に考えればこの宇宙は偶然によっては生まれないと言っても過言ではないのです。

この宇宙ではそれらの数字が驚くほど細部まで綿密に設定されています。どうみても宇宙は人間を誕生させるような必然性を具えている。宇宙がいまのように作られているのは人間が生まれるようにするためであり、そうでなければわたしたちはここには存在しないというのです。

死の概念さえも人間が作った

宇宙は人間が生まれるように作られていて人間を誕生させるような必然性を具えています。逆に言えば、宇宙が存在するのは人間が存在するからで、ひいては人間の存在が宇宙を創ったのだ——そう主張する生命中心主義が正しいとすれば、空間や時間さえも人間の存在が創出したということになります。

ということは、わたしたち人間が考え方を変えさえすれば、空間や時間などの概念も変わってしまうのではないか。その結果、空間や時間などの概念が変わることで、死に対する概念も変わってしまうのではないのか。いまわたしたちが死が存在すると信じているのは、理科の授業で人間は死んだら土に帰るのだと教えられているからに過ぎず——もしかすると死はいまわたしたちが考えているような終着駅ではないかもしれない。わたしたちが死後の世界が存在するとさえ思えば、死後の世界が存在するかもしれないのだとランザは主張しているのです。

この世界の背後に彼岸が存在する

お釈迦さまが「至彼岸《とうひがん》」（彼岸に渡れ）と述べられているように、仏教では死後の世界を彼岸と呼んでいます。

そんな死後の世界について前出のデヴィッド・ボームは、「宇宙は二重構造になっていて、目に見えるこの世界（明在系《めいざいけい》）の背後に目に見えない世界（暗在系《あんざいけい》）が影のように存在している」と主張しています。こうした暗在系の概念はまさに彼岸そのものです。

ボームは、暗在系すなわち彼岸では、時間や空間などに加えてさまざまな次元が重なり合い、中には意味という次元もあって、暗在系に意味が反映することで素粒子がこの世に現れると述べています。

そんな意味とかかわっているのが人間の意識です。人間の意識が暗在系に意味を付与することで素粒子がこの世に現れ、付与された意味に従って集団行動を取ることで物質となり、現実を形成するとボームは主張しています。意味こそこの世と暗在系の間のエネルギーの壁を飛び越えるためのトンネルかもしれないのです。

とすれば、わたしたちの肉体も、暗在系で意味が付与されてこの世に現れた素粒子たちが統一行動をとったことで作られたと考えることができます。わたしたち人間も、あの世でなんらかの意味を付与されてこの世に生まれたかもしれないのです。

彼岸ではすべてが重なり合う

この世より高次元の上位世界（あの世）から見ると、この物質世界は極めて限られた次元の小世界であり、上位世界（暗在系）の影響を強く受けているといいます。

この世よりはるかに高次元の暗在系には、この世界のすべての物質やエネルギー、時間や空間などにくわえて生命や精神までもが重なり合っているとボームは主張しています。そこでは、すべてが互いにかかわり合いながら一体として流転し、前世、現世、来世を巡る輪廻転生が永遠に繰り返されています。

最新宇宙論のブーツストラップ理論でも、宇宙はすべてが互いに関係・作用しあいながら、一体として流転しているとして、ボームと同様の考えを提示しています。さらに、仏教でも「一即《いちそく》一切《いっさい》、一切一即」（部分が全体、全体が部分）、「成住壊空《じょうじゅうえくう》」（生、活、死、空の繰り返し）とボームと同じ世界観を唱えているのです。

ちなみに暗在系には現世も含まれていて、この世も暗在系と一体となって動いているとされます。あなたの脳細胞を形成する素粒子も、いまこの瞬間にも暗在系と行き来しており、思考や感情の多くが暗在系で生まれてこの世に現れているというのです。

死んだ脳がなにかと交信していた

暗在系（彼岸）と脳が交信していることを証明する驚くべき事実も報告されています。

米アリゾナ大学のスチュアート・ハメロフ博士は、血流が止まって脳死してしまった患者の臓器提供手術に参加していました。ところが、いつものように患者の脳のモニターをチェックしたところ、脳の神経細胞が猛烈に活動していたのを目撃したというのです。

なんと死んだ人の脳が活発に活動していた――現代医学の常識ではとても信じられない現象です。

ハメロフは宇宙論の世界的権威である英オックスフォード大学の物理学者ロジャー・ペンローズとともに、脳の働きと意識とのかかわりについての論文を20年以上にわたって発表し続けてきた人物です。そんなハメロフたちの論文によると、意識の本質は脳神経細胞にあるのではなく、脳神経細胞の奥深くに存在する量子の働きにあると言います。

脳は量子コンピュータだった

前にも少し述べましたが、これまでの医学界の常識では脳神経細胞の情報は細胞の突起の先にあるシナプスという部位を伝って他の脳神経細胞に信号が送られることで伝達されるとされていました。ところが、ハメロフたちの研究によって、シナプスを経由せずに右脳から左脳などの脳神経細胞に情報を伝達することができることが明らかになったのです。

ということは、脳神経細胞の情報が脳内の離れた場所はもちろん脳外にも伝達できる可能性があるということです。いったいどうやって脳神経細胞は情報を遠い場所に送ることができるのでしょうか。

その答えの鍵となるのが量子です。人間の脳は千億個以上の脳神経細胞からできていますが、かたや単細胞のゾウリムシでも泳いだり、食べたり、生殖を行ったりなどといった多様な生命活動を行うことができます。そうしたさまざまな生命活動を単細胞生物のゾウリムシができる理由は、ゾウリムシの細胞の中の量子の働きによるものだとハメロフたちは主張しているのです。

人間の脳細胞の中にはマイクロチューブルという管状の細胞骨格があり、これが意識などから生じた分子的情報を処理することで脳を機能させている、とこれまでは考えられてきました。ところが、前述したハメロフやペンローズによると、脳内の意識は分子ではなくより小さな量子の情報であり、それを量子コンピュータの機能を持つマイクロチューブルが量子テレポーテーションによって、他の細胞はもちろん宇宙にも送っているというのです。

こうした量子の波動は光速を超えて瞬時に全宇宙に広がるとハメロフたちは主張していて、量子情報である人間の思念が瞬時に全宇宙に広がってゆくというのです。

意識の量子情報が破壊されないまま宇宙に

ハメロフたちの主張について、精神と科学の結びつきを指摘するブライアン・ジョセフソン（1973年ノーベル物理学賞授賞）も「脳が考えているのではない。脳というコンピュータを心というプログラマーがオペレートしているのだ」と、心（意識）が脳というコンピュータを操っているのと同様の主張をしています。

意識の量子情報は生きている間は脳内にあって、量子コンピュータであるマイクロチューブルがその情報を宇宙とやり取りしています。万一、心臓が止まってもマイクロチューブルのコンピュータ機能は死の直後はしばし働き続け、マイクロチューブル内の意識の量子情報を破壊されないまま宇宙に送り続け、情報はそのまま宇宙に存在し続けるのだとハメロフは主張しています。

心臓が止まった患者の脳細胞の爆発的活動の原因は、マイクロチューブルが意識の量子情報を死んだ肉体から宇宙に送り出していたためだったと、ハメロフは考えているのです。

魂は死後エネルギーに変わって宇宙へ

こうした量子情報の塊は魂とも呼ばれています。

デヴィッド・ボームは「精神も物質同様エネルギーである」と主張しています。質量・エネルギー等価則やエネルギー保存則によって物質はエネルギーに変わることで、宇宙のどこかに永遠に存在し続けます。

人間の魂も死後エネルギーに変わって借り物だった肉体を離れます。人が死ぬと体重が平均21・3g減ることが確認されていますが、これはエネルギーに変わって肉体を離れた魂の重さなのかもしれません。

一方、仏教では「成住壊空《じょうじゅうえくう》」（生、活、老、死）が繰り返されるとされており、死者の意識や記憶は宇宙（空）へと戻って、再び生を得てこの世に甦るのを待つという、ハメロフの主張と一致する世界観を教示しています。

ハメロフによると、こうしたメカニズムによって臨死体験も説明できるといいます。

心臓が止まった患者がそのまま息を吹き返さなければ、意識の量子情報は宇宙に戻ったままですが、万一患者が息を吹き返した場合は、逆量子テレポーテーションによって再び宇宙から脳内に戻ってきます。その結果、患者は息を吹き返した後で、肉体から離れた臨死体験中の記憶を語るのです。

死と同時刻に死者が親しい人たちの前に姿を現す現象が報告されているのも、このメカニズムによって説明することができます。すなわち、死者の脳細胞内の量子情報が、量子テレポーテーションによって親しい人たちの脳細胞に届くことで、その人たちの視神経に映像となって現れたと考えることができるのです。

可能性の数だけ世界が存在する多世界解釈

彼岸とはパラレルワールドのことだと主張する科学者もいます。

パラレルワールドはこの世界と平行して存在する世界のことで、並行宇宙とも呼ばれ、この世界に酷似しているといいます。

パラレルワールドの理論的バックグラウンドとしては「多世界宇宙論」があります。

量子力学では、素粒子の位置や速度は確実には予測できませんが、確率的になら予測することができます。Aの位置に現れる確率が50％、Bの位置に現れる確率が50％という具合です。

一方、多世界宇宙論では、確率の結果はそれぞれ別の宇宙で起こることになっていて、確率を用いる必要がなくなります。こうした複数の宇宙が存在しているという宇宙論を多世界宇宙論と呼んでいるのです。

量子力学がパラレルワールドの存在を証明

米テキサス・テック大学の物理学者ビル・ポワリエール教授は量子力学にもとづき、パラレルワールドは存在するという仮説を提唱して大反響を巻き起こしました。

ポワリエールの理論は以下です。

量子力学における量子の代表的な性質の一つが、前にも述べた重ね合せです。重ね合わせは二つ以上の状態が同時に存在することで、現実にはありえませんがコインの表と裏が同時に現れるなどがそれです。

何度もくり返して恐縮ですが、量子力学では量子は普段は波と粒子の重ね合わせ状態にあって、人間が観測していないときは波ですが、観測したとたんに収縮して粒子として姿を現します。そして、粒子が現れる場所は確率によって決まります。

一方、多世界宇宙論では、人間が量子を観測すると、粒子が現れる場所ごとにパラレルワールドができるとされます。観測によって重ね合わせが一つに収束するのではなく、重ね合わせの数だけパラレルワールドができるというのです。

その結果、それぞれのパラレルワールドでは粒子の現れる場所は確率的ではなくなり、可能性の数だけのパラレルワールドが誕生します。つまり、宇宙には無数のパラレルワールドが存在していることになるのです。

「もう一人のあなた」が存在する宇宙

多世界宇宙論では、観測の度に宇宙が枝分かれして、可能性の数だけ枝分かれ宇宙が出現するとされます。

ということは、あなたがいま住んでいる世界は、あなたがこれまでの人生において出会った選択肢のうちの一つを選択したことで、可能性が一つに収束して誕生した枝分かれ宇宙だということになります。

たとえば、あの日あなたが現在の奥さんに思い切って電話をかけてデートに誘ったことで、いまのあなたの家族が存在しています。しかし、もしあの日あなたが電話をかけるのをためらっていたとしたら、あなたは別の人と結婚していまとは違う人生を送っており、「僕がいる宇宙こそ唯一の宇宙だ」と思っているかもしれないのです。

そんな別の選択肢を選んだもう一人のあなたが存在する宇宙がパラレルワールドです。

法華経の中心法理である十界互具《じっかいごぐ》では、十界の境涯にはそれぞれさらなる十界が具わっていて、選択次第でそれぞれの境涯の世界が現れるとされますが、こうした世界観はまさにパラレルワールドそのものではないでしょうか。

また、日蓮大聖人も、「南無妙法蓮華経と唱えたてまつるとき、本有《ほんぬ》の生死本有の退出と開覚するなり」と仰《おお》せで、生命はあるときは生、あるときは死として現れるとされています。成住《じょうじゅう》壊空《えくう》の教えの空は死ではなく、生と死の可能性の重ね合わせであるパラレルワールドというわけなのです。

パラレルワールドの存在を論証

ポワリエールはこれまでの多世界宇宙論をさらに発展させた「相互作用多世界」という宇宙論を提唱しています。彼によると、分岐して生まれたそれぞれのパラレルワールドどうしには、互いに反発しあうことで違った宇宙になろうとする力が発生、パラレルワールドどうしが反発力で互いに影響しあって、別々の方向へと進化する相互干渉多世界を形成しているといいます。

こうしたポワリエールの理論をもとに、豪グリフィス大学ハワード・ワイズマン教授とマイケル・ホール博士、米カリフォルニア大学ダーク・デッカート博士率いる合同研究チームは２０１４年「パラレルワールドは存在する」という研究論文を、アメリカでもっとも権威ある物理学専門誌『フィジカル・レビュー』誌に発表、大きな注目を集めました。

同研究チームはその論文で、パラレルワールドは互いに重なり合いながら量子力学的に影響しあっていることを論証。粒子がエネルギーの壁を飛び越える量子トンネル効果も、パラレルワールドどうしの反発力によって説明できるとしており、新たな宇宙論誕生の可能性を示唆したのです。

久遠実成はパラレルワールドだった

日蓮仏法の重要な教えのひとつが「久遠実成《くおんじつじょう》」です。

お釈迦さまは虚空会《こくうえ》（空中における説法）で「われ実に成仏してよりこのかた無量無辺百千万億那由陀劫《ひゃくせんまんのくなゆたこう》なり」（わたしが成仏してから無量無辺百千万億那由陀劫もの時が経った）と述べられ、自らが成仏されてからはかりしれない時が経ったという久遠実成の真理を明かされました。御自らが久遠の昔における成仏以来、娑婆世界をはじめとするさまざまな国々で、種々の仏や菩薩の姿を現して、衆生《しゅじょう》を教化されてきたことをお釈迦さまは明らかにされたのです。

お釈迦さまがおっしゃる無量無辺百千万億那由陀劫という久遠からの時間がいかに長いかについてですが、まず「無量無辺」は数え切れないという意味で、「劫」は少なくとも一千万年以上の時の単位で、それに那由陀（10^{60}）、さらに阿僧祇《あそぎ》（10^{56}）をかけた数のさらに百千万億倍もの長さの時間だというのですから、まったく気が遠くなるばかりです。

選択肢ごとのパラレルワールドが

一方、人類の誕生はいまから500万年ほど前だと言われており、お釈迦さまが過去に何人もの菩薩や仏の姿に生まれ変わられたとしても、無量無辺百千万億那由陀劫という時間と比べるとはるかに短かすぎます。いったいお釈迦さまはどうやってそれだけの時間を生きることができたのでしょうか。

お釈迦さまは久遠における成仏以来、種々の国々で種々の仏や菩薩の姿でこの世に現れたとおっしゃっています。宇宙のいたるところに無数の仏として現れられた（十方諸仏：全宇宙に仏がいる）というのです。

量子力学の多世界解釈にもとづいて、お釈迦さまがさまざまな国における仏としての人生で選ばれたすべての選択肢ごとにパラレルワールドが出現したと仮定してみましょう。すると、合計ではすさまじい数のパラレルワールドを生きられたことになり、無量無辺百千万億那由陀劫という無限の時間もつじつまが合うことになるのです。

米コロンビア大学の理論物理学者ブライアン・グリーン教授は、この宇宙は高次元空間に無数に重なり合って存在する超巨大なパン切れ状の膜宇宙（プレーン宇宙）の一枚だと主張しています。

そんな高次元空間のあらゆる場所に膜宇宙が存在していると考えれば、無量無辺百千万億那由陀劫もの宇宙が存在することも物理的に可能となり、お釈迦さまの言葉も科学的だということになるのです。

生まれ変わりを科学的に証明

現世の前に前世が、現世の後には来世があるという三世の生命観について、日蓮大聖人は「自《じ》身法性《しんほっしょう》の大地を生死生死と転《めぐ》り行くなり」（この身が仏界の大地を生死、生死と巡ってゆく）と仰《おお》せです。生命は死によって終わるのではなく、死後も存続し、再び新しい生を迎えるというのです。

こうした前世の存在についての科学的検証材料となるのが世界各地で報告される生まれ変わり事例です。

米マイアミ大学医学部のブライアン・L・ワイス博士は、生まれ変わり事例を科学的かつ厳密に検証した著書『前世療法』を1988年に出版、科学にもとづいた前世の存在の初の検証として、大反響を巻き起こしました。

『前世療法』は催眠療法を使って患者の潜在意識内にある前世の記憶を甦らせ、潜在意識に潜む患者の心の問題を治療する心理療法と、その驚くべき効果について述べた本です。同著の中で博士は、患者たちの記憶をもとに彼らの前生を検証し、その記憶の中から患者の心の問題の原因となったトラウマを探り出すことで治癒に成功した数々の記録を記述しています。

前世の人物との符合を医学的資料で確認

一方、米ヴァージニア大学精神科のイアン・スティーヴンソン教授は生まれ変わり現象についての研究を行うためにインドに渡航、前世を記憶する子ども20数例の調査にもとづいた著書『前世を記憶する子供たち』を１９８７年に出版しました。彼の研究はその後多くの権威ある医学専門誌に取り上げられ、医学界における大論争を巻き起こしたのです。

彼はその後も約40年間にわたり世界中から寄せられた２６００もの前世の記憶を持つ人々の事例を収集・調査し、前世の人物と一致する行動や嗜癖、肉体など、前世が存在する証拠についての科学的分析を行っています。

その中には、あざ、傷、ほくろなどが前世とされる人物のものと符合している例が35％も見られ、うち12例は医学的資料によって確認されており、前世に受けた傷跡が同じ場所に確認された例も含まれているといいます。

来世を科学的に証明できるか

人が死にかけた時に見るイメージは臨死体験と呼ばれ、死後の世界の存在を証明する現象の一つとなっています。臨死体験によって彼岸の入口を垣間見ることができたという報告が世界各地から多く寄せられているのです。

仏教では、人が死ぬと、自らが死んだことを自覚するため7日間をこの世で過ごすとされています。いわゆる初七日です。そして、7日目に三途の川を渡ってあの世へと入り、それまでの人生における因によって報が決まるまでの期間（中有《ちゅうう》）を過ごします。そして、死から49日目に報が定まり、次の生に生まれ変わるとされます。いわゆる四十九日です。日蓮大聖人は初七日や四十九日についてはとくに述べられていませんが、多くの日蓮宗派ではこれらに合わせて法要が行われます。

日蓮大聖人は法華経を修業した人の臨終についてこう仰《おお》せです。「あら面白や法界寂光土《ほうかいじゃっこうど》にして瑠璃《るり》をもって地とし、金の縄をもって八の道を界《さか》えり、天より四種の花ふり、虚空に音楽聞こえて諸仏菩薩は常楽我浄の風にそよめき娯楽快楽したまうぞなり」（ああ楽しい。世界は浄土で、宝石の大地は金の縄で囲われ、さまざまな花が空から降り、音楽が流れ、仏や菩薩が不変で安楽自在で清浄な風の中で安らぎ満足していらっしゃる）

死は苦しみのはずですが、日蓮仏法の信者は臨終に際して歓喜を味わうことができると仰《おお》せなのです。いったい臨死で人は何を感じるのか？　科学的に考えてみましょう。

心停止から30秒の間、脳の活動が急増

臨死体験は世界各地で報告されており、それについての研究が半世紀も前から始まっています。臨死体験についての科学的実証はまだ道半ばですが、これまでの研究成果の蓄積によってさまざまなことが分かってきました。

ギャラップの調査によると、アメリカの臨死体験者は数百万人にも上ると推定しています。２０６０人の心停止患者を調べた欧米の大規模研究では、３３０人が生き返り、うち１４０人が臨死体験をしていたことが分かりました。さらに、63人の心停止患者に聞き取りを行ったイギリスの調査では、11％が心停止中の記憶を覚えていたといい、心停止から甦った３４４人の患者のうち62人が臨死体験を語ったというオランダの研究もあります。

一方、ミシガン大学の研究では、ラットを心停止させて脳電図を記録したところ、心停止から

30秒間脳の活動が急増し、意識的思考を示す信号を発していたことが明らかになっています。ハメロフが目撃した脳死患者の脳神経細胞の活動と同じ現象で、臨死体験を科学的に裏づけるものとして注目を集めています。

臨死体験者のほとんどが共通の体験を

ほとんどの科学者は、臨死体験は脳内の過剰な二酸化炭素や脳内麻薬、脳の再起動などが引き起こす幻覚だと主張しています。

脳神経外科の権威で、ハーバード大学院などでも教鞭をとり、全米ベストドクターにも選ばれたエベン・アレクサンダー医師もともとはそうした立場でした。しかし、ある日彼は致死率90％という細菌性髄膜炎に突然罹患し、7日間にわたって昏睡状態に陥ってしまいました。そして、病状を見離した医師が延命処置の中止を宣告した直後でした。彼がはっと目を覚したのです。

彼は臨死の間の記憶を以下のように語っています。

「不気味な暗いトンネルを抜けると、光が満ち溢れる見たこともない美しい世界が広がっていた。そして、目の前に一人の美しい女性が現れ、「帰るように」と言われて目が覚めた」

実は後で写真を見せられて分かったのですが、その女性は長年生き別れて顔も知らなかった実の妹のベッツィだったのです。しかも、アレクサンダーが臨死したときには、すでに亡くなっていたといいます。顔も知らない死んだ妹が臨死中の彼の目の前に現れたというのです。

この体験の後、アレクサンダーは臨死体験に対するそれまでの主張を一変、脳内のメカニズムによる幻覚論を否定して、「脳神経学的に見て脳の再起動現象ではありえない」、「死後の世界は存在する」などと発言しました。その著書『プルーフ・オブ・ヘブン』は200万部の大ベストセラーを記録し、世界的反響を巻き起こしたのです。

フランク永井さんも臨死体験のイメージを

多くの科学的研究によると、臨死体験のイメージは驚くほど世界共通だそうです。

典型的なものとしては、トンネル、花園、草原、死者との出会いなどが挙げられますが、その一つにあの世との境でバリアと呼ばれる境界のイメージがあります。日本人に多いバリアのイメージが川（三途の川）ですが、中東などでは砂漠、南太平洋では海など、育った環境の影響も指摘されています。

そんな臨死体験に多いイメージの一つが体外離脱です。

２００人の臨死患者に聞き取りを行ったスイス人医師によると、「手術室の天井から自分の死体を見下ろしていた」などの証言を得たといい、アメリカの研究では目の見えない数十人の患者が臨死体験後、見えないはずの部屋の有様を正確に証言したといいます。

長年臨死の研究に取り組んできた京都大学こころの未来研究センターのカール・ベッカー教授によると、歌手のフランク永井さんはかつて首吊り自殺を図ったものの一命を取り留め、暗い穴のようなトンネル、空中浮遊、光、花園、美しい音楽、亡き肉親や友人の声、三途の川などの、臨死体験のイメージを語ったといい、ほとんどが典型的な臨死体験イメージとなっています。

驚くほど共通する臨死体験のビジョン

臨死体験に関しては、米コネティカット大学のケネス・リング教授も、その著書『いまわのきわに見る死の世界』で１０４例もの実例をあげて「臨死体験はほとんどの場合、ある一定のパターンをとっている」と述べています。

以下はリングが調査した主な臨死体験の体験率です。

・安らぎに満ちた心地よさ……………………………60％

・自分の体を高いところから見下ろすなどの体外離脱……37％
・トンネルのような暗闇の中を通過……………23％
・神などの超越的存在との出会い……………20％
・まばゆい光を見る……………………………16％
・走馬灯のような人生回顧……………………12％
・暗闇を抜けて楽園のような光の世界に入る………10％
・死んだ親族や知人との出会い…………………8％

人類共通の死後の世界の存在を証明

臨死体験者であり臨死体験研究で名高いフィリス・アトウォーターと、同じく臨死体験研究者のケビン・ウィリアムズも、臨死体験者の多くが経験する共通の10のビジョンをまとめています。

・圧倒的な愛に包まれる感覚……………69％
・死後の世界の人々とのテレパシーでの交信……65％
・走馬灯のような人生回顧……………62％
・神などの超越的存在との出会い……………56％

・素晴らしい恍惚感……………………………56%
・生か死かの選択……………………………50%
・無限の知識……………………………46%
・地獄などの死後の世界のさまざまな階層………46%
・未来の出来事の告知……………………………44%
・光のトンネル……………………………42%

このようにどちらの調査でも、臨死体験者たちはまるで申し合わせたように共通の体験を語っています。これこそ人類共通の死後の世界の存在を証明しているのではないでしょうか。

臨死体験は量子力学的に説明できる

ハメロフによると、前述したように人間の脳細胞中のマイクロチューブルは、量子コンピュータとして脳内の意識の量子情報を宇宙に送っていると言います。以下に彼の主張するメカニズムによって量子力学的に臨死体験を説明してみましょう。

まず「体外離脱」は脳内の意識の量子情報がマイクロチューブルによる量子テレポーテーションによって宇宙に戻っていくときの記憶と説明ができます。一方、「光のトンネル」は脳内の意識の量子情報が宇宙（あの世）に戻っていく際のあの世との間のエネルギーの壁を乗り越えるトンネル効果と説明することができるでしょう。

また、「死後の世界の人々との交信」、「死者たちとの出会い」、「死後の世界の階層」などは、臨死者の意識の量子情報と、宇宙のアカシックレコードに保存された死者たちの意識の量子情報との量子テレポーテーションによる交信として、「走馬灯のような人生の回顧」は臨死者の潜在意識（蔵識《ぞうしき》）の量子情報が量子テレポーテーションで宇宙に送られる過程の記憶として説明することができるでしょう。

三世の世界観も科学的立証が可能に

さらに、「未来の出来事」は臨死者の意識の量子情報と宇宙のアカシックレコードの未来情報との量子テレポーテーションによる交信、「圧倒的な愛」や「神や神聖な存在」は母なる宇宙との量子テレポーテーションによる交信など、いずれもハメロフの主張する量子力学理論や最新心理学によって説明することが可能なのです。

一方、これらの現象を仏教の視点から見てみると、意識の量子情報が戻ってゆく宇宙は生と死が重ね合わせの状態（中有《ちゅうう》）にある空であり、仏教の「成住壊空《じょうじゅうえくう》」（生、活、死、空の繰り返し）の教えのように死後再び生を得るまで空で時を過ごすと考えることができるのです。

以上述べてきたようにこれまで難しかった前世や来世の科学的証明が、科学の進歩や新たな研究成果によって日増しに説得力のあるものとなってきています。今後さらに研究が進むにつれ、宿命滅消の拠り所となっている前世や来世などの三世の世界観が、本格的かつ科学的に証明される日も遠くはないのではないでしょうか。

第10章　日蓮仏法は至高の成功哲学

成功哲学の創始者ナポレオン・ヒル

成功哲学はさまざまな成功者たちの思想や行動を分析、その要素を体系化して実践することによって成功を成し遂げるための哲学のことです。

そんな成功哲学の誰もが認める創始者がアメリカのナポレオン・ヒル（１８８３〜１９７０）です。

１９０８年、当時記者だったヒルは、その頃世界有数の大金持ちと言われていた鉄鋼王アンドリュー・カーネギーに、成功に至るための考え方や行動についてのインタビューを行いました。取材は三日三晩に及び、三日後ようやくインタビューが終わったときでした。

「もしこれまでわたしの述べたことを基本に、万人が巨万の富を築くための哲学をプログラム化する仕事を君に頼んだら、引き受けてくれるかね」とカーネギーが突然切り出してきたのです。

カーネギーはインタビューすべき人たち５００人に紹介状を書いてくれると言いますが、プログラムの完成には20年もの歳月が必要になると予想されます。

「……」ヒルは一瞬ためらいましたが、すぐに「やります」と答えました。

「よく言った」

カーネギーはにっこりとうなずきました。実はカーネギーはヒルが即答できる人間かどうかを試していたのです。

成功者たちの秘密から成功哲学を創始

カーネギーはいの一番に自動車王のヘンリー・フォードに紹介状を書いてくれましたが、その後いつまで経っても経済的な援助をしてくれません。それどころか、そのまま亡くなってしまったのです。

カーネギーの訃報を聞いたヒルは呆然としてしまいました。成功哲学プログラムの完成には20年もの歳月を要しますが、経済的に支えてくれるはずのカーネギーはもういません。「これでは、続けるのは無理だ」、普通ならそう考えるところですが、ヒルは違いました。さまざまな苦難にもめげず成功哲学のプログラムの完成を目指し、成功者たちへのインタビューを貫徹、カーネギーの依頼から20年後、ついに成功のための哲学をまとめあげた「ナポレオンヒル・プログラム」を完成したのです。史上初の成功哲学の誕生でした。

20年間の苦労を詰め込んだ成功プログラムに基づいて１９３７年に出版したヒルの『思考は現

実化する』は世界的ベストセラーを記録。ヒルは自身が大成功者となるとともに、成功哲学の父の名をほしいままにしたのです。

心で思ったことはかならず叶う

ヒルが成功の法則を学んだ成功者として、ヘンリー・フォードをはじめ、ジョン・D・ロックフェラー、グラハム・ベル、ライト兄弟、トーマス・エジソン、ハーヴェイ・ファイアストーン、セオドア・ルーズベルト、ウッドロー・ウィルソン、ジョージ・イーストマン等々、日本人もその名を知る立志伝中の人たちがずらりと名を連ねています。

いったいヒルが作り上げた成功哲学とはどのようなものだったのでしょうか。

ヒルの成功哲学の基本はその著書名にもあるとおり「思考は現実化する」です。

この世で自分で変えることのできるのは自分の思考だけだとヒルは言います。思考を変えれば世界が変わる。思ったことがその人の人生を創り出し、世界も変わる。

この「心で思ったことはかならず叶う」というヒルの成功法則は、量子力学の観測者効果の原理「人間の意識が現実を創り出す」と同理論であり、最先端物理学から見ても的を得たものでした。

潜在意識の宇宙のパワーに注目

以下に「思考は現実化する」というヒルの主張を科学的に検証してみましょう。

「なぜ心に思ったことが現実になるのか」という問いへの答が潜在意識です。心は90%が水面下に没する氷山のごときで、人間の日常行動の90%は自分では気が付かない潜在意識が決定しています。「潜在意識はあなたの隠れたボスであり、あなたの行動は潜在意識に大きく左右される」とヒルは述べているのです。

ユングが主張するように、潜在意識の奥底には宇宙が存在しています。その潜在意識の宇宙のパワーに注目して、成功哲学への応用を最初に唱えたのがヒルだったのです。

潜在意識の持つ宇宙のパワーは人間が思ったことを現実化してくれる力があるとヒルは言います。

科学的に見たそのメカニズムは以下です。

量子力学の観測者効果では人間が観測することによって素粒子がこの世界に現れるとされます。「人間が意識することによって物質（素粒子）がこの世界に現れる」すなわち「思考が現実化する」のです。

ですから、達成したい目標をはっきりさせて潜在意識にしっかりと植え付けさえすれば、潜在意識が自ら達成のための方法を見つけて現実化してくれるとヒルは主張しているのです。

成功哲学が日蓮仏法の教えの正しさを証明

ヒルの成功哲学の教えは日蓮仏法の教えと多くの点で一致しています。

まずヒルの代名詞である「思考は現実化する」という主張からして、日蓮仏法の教えそのものです。

日蓮大聖人は「大地はささばはづるるとも、虚空をつなぐ者はありとも、潮のみちひぬことはありとも、日は西より出づるとも、法華経の行者の祈りのかなはぬことはあるべからず」と仰《おお》せで、なにがあっても法華経の行者の祈りが叶わぬことはない——すなわち日蓮仏法信者が祈りを唱えるとき、その思い（思考）は絶対に実現（現実化）するとヒルと同じ教えを説かれています。

ヒルは大多数の人々の失敗の最大の原因は、一時的な敗北で簡単にあきらめてしまうためだとして「逆境にはかならずやそれと同じかそれ以上の成功の種子が含まれていて、むしろ逆境を不幸ではなく、絶好の成長のチャンスと捉えて感謝するべきだ」とも述べています。一方、日蓮大聖人も「種々の人間の苦報現世に軽く受くるは、これ護法の功徳力による故なり」（さまざまな人々の報いの苦しみを現世で軽く受けられるのは、法華経の功徳によるものだ）と、現世の苦難は因果の鎖を断ち切って宿命を滅消する絶好のチャンスだとヒルと考えを一にされているのです。

信念の力が潜在意識を動かす

思いを現実化してくれる潜在意識を動かすには、自分の願いを心の中あるいは声に出して、日夜繰り返し唱えなければならないとヒルは述べていますが、まるで日蓮仏法の唱題のようです。

潜在意識は心に刻まれたすべての思いを無差別に受け入れてしまう性質を持っている。だから、たとえ嘘でも心の中で繰り返しているうちに、潜在意識が最終的にその嘘を本当だと信じるようになって、ついにはそれにもとづいて行動するようになるとヒルは言います。

「信念」は自己暗示によって潜在意識に擦り込まれることで生まれる精神状態のことですが、ヒルは「成功のための大いなる秘密は信念」、「奇跡が存在するならば、それは信念から出ていることは間違いない」と主張します。

信念が強まることによって潜在意識の中の宇宙が動き出し、大いなる成果をもたらしてくれると言うのです。

目標に対するあやふやな思いを持っていると、信念が弱くなってなにも達成することができない。だから、まずは自分の人生の目標や計画を明確かつ確固たるものにする必要があるとヒルは主張します。

炎のような信念を持っていればかならずやそれを実現することができ、誰でも人生を切り開くことができる――不可能などないと信ずれば、不可能さえも可能になる。信じるか、疑うかで人生は大きく違ってくるというのです。

ここでヒルが言う信念とは、仏教における「信」と同じで、日蓮大聖人も「仏法の根本は信をもって源とす」と仰《おお》せで、信こそが仏法の根本だとされています。

潜在意識は感情のこもっていない言葉は受け入れてくれないとヒルは言います。そのため、強い感情のこもった言葉を繰り返し潜在意識に擦りこんでやらなければなりません。

一方、日蓮大聖人も「心を一にして南無妙法蓮華経と我も唱え他をも勧めんのみこそ今生人界の思出なるべき」（心を一つにして南無妙法蓮華経と自分でも唱え、他人にも勧めることこそ、今生の人間界の思い出となるに違いない）と熱い言葉の必要性を強調されています。

さらに、ヒルは成功のためには同じ目的を持つ人たちの「マスターマインド」を用いるべきだとも主張しています。マスターマインドとは計画を実行するのに必要な人材の集まりのことで、全員が創造的でプラス思考を持った人間でなければならないとされます。ものごとを成し遂げるのはすべて人であり、そうしたマスターマインドが集まることで、不可能な仕事さえも可能となるというのです。思うに、ここでヒルが言うマスターマインドは「究極の楽観主義」と称される、超プラス思考の日蓮仏法信者のことをさしているのではないでしょうか。最高のマスターマインドである日蓮仏法信者がともに同じ目標を目指すことで、個人はもちろん世界を変えることさえ可能になるということです。

これまで述べたように、ヒルの哲学が大聖人の教えの正しさを成功哲学の面から裏づけていることは、火を見るより明らかでしょう。

マーフィーの成功法則はこうして誕生

マーフィーの成功法則で有名なジョセフ・マーフィー博士はナポレオン・ヒルから遅れること15年、1898年にアイルランドで生まれました。その後アメリカに移住したマーフィーはさまざまな体験を経て現実を超えた不思議な力の存在に惹かれ、当時台頭していた新思想ニューソートが唱える潜在意識の力に関心を抱くようになりました。

ニューソートというのはアメリカで始まった新興キリスト教で、「人間は心の中で思ったことをかならず実現できる」というナポレオン・ヒルと似たような考え方を基本に、聖書について従来とは違った解釈を主張する一派です。このニューソートの牧師たちが催眠法によって心の奥底に潜む潜在意識を発見したことが、フロイトの近代心理学を生むきっかけになったとも言われ人間の潜在意識が宇宙とつながっているという主張を早くから展開していたのです。

祈りの力で悪性腫瘍が消えた！

そんなニューソートに傾倒していたマーフィーでしたが、20代前半のある日突然サルコーマという悪性腫瘍に侵されてしまいました。さまざまな治療も効果なく、病状はどんどん悪化、追い詰められた彼は「ニューソートの教えである潜在意識の力に頼って不治の病を治すほかはない」と決意しました。

人間の体を産み出したのは潜在意識の宇宙の力だ。潜在意識は人間の体を作るすべての原子を健康な状態に戻す術を知っている聖なる治癒者だというのがニューソートの主張で、その宇宙の力を内に宿しているのが心の奥底の潜在意識です。

マーフィーは自分の潜在意識に向かって毎日数回「わたしの体を作った潜在意識は体をいかに治すかを知っていて、そのすべての原子を健康に作り変えてくれます。私はいま治りつつあります。ありがとうございます」と祈りを唱えて、治癒の願いを擦りこみました。

連日の祈りの効果はてき面でした。マーフィーの病状はみるみる回復、わずか三ヶ月後には悪性腫瘍は完全に消滅し、その後も再発することはなかったのです。

潜在意識の宇宙の力がマーフィーの不治の病を完治してくれたのです。

不治の病である悪性腫瘍が消滅してしまった奇跡的経験を通じて、思いを現実化してくれる潜在意識の宇宙のパワーを悟ったマーフィーは、病から回復後潜在意識の力を駆使した成功法則を次々と発見してゆきました。万人を成功に導くマーフィーの成功法則の誕生でした。

思いを実現させる潜在意識の法則

潜在意識の助けを借りて発見した成功法則を、マーフィーはロサンゼルスのディヴァイン・サイエンス教会の牧師として、毎日曜日大ホールの満員の聴衆に向かってバイブルを題材に言葉巧みに説教しました。さらにラジオやテレビ経由で全米にその教えは広がりました。

1963年に出版されたマーフィーの著『眠りながら成功する』は世界的ベストセラーを記録、彼はナポレオン・ヒルと並ぶ成功哲学のカリスマへとのし上がり、多くのアメリカ人が彼の成功法則を使って大成功を収めたのです。それらの成功者の中には、有名な実業家や政治家も多く含まれ、日本をはじめとする世界中から公演依頼が殺到しました。

マーフィーの成功法則には「引き寄せの法則」や「努力逆転の法則」などさまざまな法則がありますが、なかでも重要なのがナポレオン・ヒルと共通する「思ったことはかならず実現する」という「潜在意識の法則」です。

マーフィーによると、潜在意識は底知れぬ海のような深さを持ち、知性や力、感情や直観、創造力、記憶などすべての力の無限の宝庫であり、わたしたちを守ろうとしてわたしたちに使われるのを待ち望んでいるといいます。この潜在意識のパワーを活用することで、自らはもちろん周りの人までも成功や幸福へと導くことができると彼は言うのです。

潜在意識を動かすのはあなたの顕在意識

「潜在意識は判断力がなく、自分勝手には動けないため、動かすのはあなたの「顕在意識」だけです。あなたの顕在意識が思ったことが暗示となって、あなたの命令を無差別に潜在意識に擦り込みます。潜在意識は引き受けたらすべてを実現させずにはいられないため、あなたの思ったことを実現してしまいます。あなたを作ったのはあなた、あなたを変えるのもあなたなのです」

ができるという法則で、ネガティブ思考に縛られた地獄界や畜生界などの境涯を変革して仏界をはじめとするポジティブ思考の境涯への飛翔を説く日蓮仏法の境涯変革の教えそのものです。

日蓮仏法は世界最高の成功哲学

マーフィーの「平均の法則」は、ネガティブな思いに満ちた平均的思考集団は周りの人々の思考を支配して災いをもたらしてしまうという法則ですが、ネガティブ思考の人々と一線を画したポジティブ思考集団である日蓮仏法信者たちと交わることがこの法則の実践につながるでしょう。

さらに、「友は友を呼ぶ法則」は似た者どうしは寄り集まるという法則ですが、日蓮仏法信者は境涯変革によって境涯を向上させた人格者たちの集まりです。優れた人格が優れた人格を呼び込む日蓮仏法信者の集まりこそ、「友は友を呼ぶ法則」を具現した人格者集団と言うことができるでしょう。

このようにナポレオン・ヒルやジョセフ・マーフィーの成功哲学の法則は、ことごとく日蓮仏法の正しさを成功哲学的に証明しています。このことからも日蓮仏法が最高の成功哲学であることが明白なのではないでしょうか。

◉著者略歴◉
ステファン丹沢（Stephen Tanzawa）
ジャーナリスト、翻訳家。日本翻訳家協会会員。早稲田大学第一文学部、カリフォルニア州立大学LA校卒業。在米17年に及び、その間、米国関係情報を『週刊現代』『日経トレンディ』等各誌に寄稿。工学部にも学んだ経験から理系・医学系の記事も多く執筆。著書に『オバマを狙う白いアメリカ』（祥伝社新書）、『アメリカンカレッジ』（宝島社）、訳書に『9・11委員会レポート』（WAVE出版）等がある。

最新科学で読み解いた南無妙法蓮華経
二〇一八年四月八日　初版第一刷発行
二〇二四年八月十四日　初版第五刷発行
著　者　ステファン丹沢
発行者　野村敏晴
発行所　株式会社 ビイング・ネット・プレス
〒二五二-〇三〇三 神奈川県相模原市南区相模大野八-二-十二-二〇二
電話 〇四二（七〇二）九二一三
装　幀　横山晴夫
印刷・製本　中央精版印刷株式会社
ISBN 978-4-908055-17-1 C0015